Einfach überlegen

SCHÄFFER
POESCHEL

McKinsey & Company, Inc.
Günter Rommel / Felix Brück / Raimund Diederichs
Rolf-Dieter Kempis / Jürgen Kluge

Einfach überlegen

Das Unternehmenskonzept, das die Schlanken schlank und die Schnellen schnell macht

1993
Schäffer-Poeschel Verlag Stuttgart

Die Deutsche Bibliothek – CIP-Einheitsaufnahme

Einfach überlegen:
das Unternehmenskonzept, das die Schlanken schlank
und die Schnellen schnell macht
Günter Rommel ... – Stuttgart:
Schäffer-Poeschel, 1993
ISBN 3-7910-0677-0
NE: Rommel, Günter

ISBN 3 7910 0677 0

Einbandgestaltung: Willy Löffelhardt
Satz und Druck: Gulde-Druck GmbH, Tübingen
Printed in Germany

Schäffer-Poeschel Verlag Stuttgart

EIN VERLAG DER SPEKTRUM FACHVERLAGE GMBH

Inhalt

Danksagung

Dieses Buch ist ein Gemeinschaftswerk, nicht nur weil als Verfasser eine Gruppe von fünf Autoren verantwortlich zeichnet. Vielmehr waren schon die zugrunde liegenden Daten und Analysen das Ergebnis konstruktiver Zusammenarbeit. Das gilt für die Langzeitstudie mit Unternehmen aus den Bereichen Maschinenbau und Komponentenherstellung, die bestätigte, welch wichtige Rolle der Erfolgsfaktor Einfachheit in der Unternehmenspraxis tatsächlich spielt. Und es gilt ebenso für die flankierende Arbeit von Kollegen bei McKinsey in Deutschland.

Zu danken haben die Autoren vor allem den vielen Geschäftsleitungsmitgliedern, die für ihre Unternehmen an der Langzeitstudie teilgenommen haben. Ebenso der Technischen Universität Darmstadt, denn ohne die kooperative Mitwirkung von Herrn Professor Dr.-Ing. Herbert Schulz und den unermüdlichen Einsatz seines Projektleiters, Herrn Dipl.-Wirtschaftsingenieur Ralph Wiegland, wäre es nicht möglich gewesen, diese umfassende Datenbank aufzubauen. Besonders hervorzuheben ist schließlich der Beitrag von Herrn Dipl.-Ing. Andreas Heine als Leiter des McKinsey-Projektteams.

Zur inhaltlichen Auswertung und Aufbereitung haben die Mitglieder des McKinsey Assembly Sector in mehreren Workshops wesentlich beigetragen. Außerdem haben ihre individuellen Anregungen an vielen Stellen Eingang in die Arbeiten gefunden.

Damit aus dem umfangreichen Material ein einfaches Buch werden konnte, stand den Autoren Frau Christel Delker, unterstützt von Frau Dr. Marianne Denk-Helmold, mit viel Rat und Tat zur Seite.

Allen Mitstreitern danken die Autoren sehr herzlich – und wünschen ihnen auch künftig Erfolg durch Einfachheit!

im September 1992

Vorwort

Geniale Ideen und Lösungen bestechen in der Regel durch ihre Einfachheit. In der Redewendung »einfach genial« klingt das an. Techniker und Naturwissenschaftler beweisen es ebenfalls: Ihnen geht es immer darum, von komplexen, umständlichen Konstrukten zu einfachen Lösungen zu gelangen – so etwa aufwendige Vielstufen-Synthesen von Rohstoffen für Acrylfaser durch einstufige »Direktsynthesen« zu ersetzen. Auch in der Volkswirtschaft setzte sich nicht von ungefähr das einfache Tauschmittel Geld gegen den mühsamen Tauschhandel durch. Und schließlich ließe sich vielleicht sogar die Institution Altersversicherung interpretieren als Vereinfachung des Prinzips der Altersvorsorge durch möglichst große Nachkommenschaft.

Wirtschaftsunternehmen, das zeigen meine Kollegen in dem vorliegenden Buch, verlieren sich oft auf dem umgekehrten Weg. An einfache Produktsortimente, Aufbau- und Ablauforganisationen lagern sich allmählich mehr und mehr Teile und Varianten, Stufen und Verzweigungen an, so daß ausufernde Vielfalt und hochgradige Wertschöpfungsautarkie die Handlungs- (und Wettbewerbs)fähigkeit lähmen.

Die Schlußfolgerung – meines Wissens hier erstmals so schlüssig und quantifiziert herausgearbeitet – muß aufrütteln. Zumindest jeden, der in Führungsverantwortung steht und die Versuchung kennt, auf ein immer komplexeres Geflecht externer Anforderungen mit wachsender Komplexität im Unternehmen zu antworten. Denn: Von den wenigen Maschinen- und Komponentenherstellern mit ausgesprochenen Spitzenleistungen in Rentabilität und Wachstum ist jeder einzelne durch und durch einfacher ausgelegt als seine leistungsschwachen Konkurrenten. Mehr noch: Die Leistungsunterschiede lassen sich meist allein mit eben dieser Einfachheit begründen.

Für uns bei McKinsey ist diese Erkenntnis noch aus einem anderen Grunde beeindruckend. Bestätigt sie doch die Ergebnisse von Analysen, die sozusagen aus der umgekehrten Richtung kamen: Sie gingen der Frage nach, warum von vergleichbaren Unternehmen einige soviel schlechter abschnitten als andere. Dabei stellten sich als die entscheidenden Schwächen überbreite Sortimente, überlange Wertschöpfungsketten und überzentralisierte Geschäftsfunktionen heraus, also »Überkomplexität«. Und in entsprechenden Projekten zeigte sich, daß bei konsequenter Reduzierung dieser Überkomplexität Renditesteigerungen erreicht werden, die in der Regel ausreichen, nicht nur zu dem ertragsstärksten Konkurrenten aufzuschließen, sondern ihn noch zu übertreffen.

Die beiden unterschiedlichen Ansätze – einerseits die Ermittlung gemeinsamer Merkmale von Spitzenunternehmen, um überragende Leistung zu erklären, und andererseits die Suche nach greifbaren Ursachen für unterdurchschnittliche Leistung – wurden unabhängig voneinander verfolgt. Daß ihre Ergebnisse so weitgehend übereinstimmen, macht uns Hoffnung. Fast so etwas wie Probe und Gegenprobe, müßten diese Feststellungen eigentlich unternehmerische Energien mobilisieren, ein riesiges ungenutztes Ertragspotential zu erschließen. Um so mehr, als die Praxis der erfolgreichen »Einfachen« und die Erfahrungen mit systematischer Komplexitätsrückführung auch konkrete Hinweise geben, wie der Wandel herbeizuführen ist und wie die Potentiale betriebliche Wirklichkeit werden können.

Steht nun die Formel »Einfach überlegen« im Widerspruch zu den vielen Führungskonzepten, die darlegen, was den Erfolg von Unternehmen ausmacht – etwa den Erkenntnissen über »lean production« oder »time-based management«? Keineswegs. Denn die Wirkungsweise der Einfachheit, wie sie hier herausgearbeitet worden ist, reicht weit unter die Symptomebene. Viele der Tugenden, die in früheren Erfolgsanalysen bei den Spitzenunternehmen ausgemacht wurden, lassen sich direkt auf den Faktor »Einfachheit« – alias geringe Komplexität – zurückführen oder sind Voraussetzung dafür. Einfachheit ist das Prinzip, das die Schlanken schlank und die Schnellen schnell macht.

Diese Einfachheit soll zu einer neuen Kraft im Wettbewerb werden. Den Anstoß zu einem solchen Wandel der Managementkultur in den 90er Jahren zu geben, ist das Anliegen dieses Buches.

München, September 1992 *Dr. Michael Roever*

Zur Einführung

Besser einfach – einfach besser

Kaum zu glauben, daß sie mit vergleichbaren Produkten in denselben Märkten operieren: Hier steigert ein Hersteller von Maschinen in fünf Jahren seinen Umsatz Jahr für Jahr um durchschnittlich 13 Prozent, verdient dabei 25 Prozent Umsatzrendite und stößt an seine Kapazitätsgrenzen; dort kämpft ein Wettbewerber bei zwei Prozent Wachstum und drei Prozent Rendite mit Auslastungsproblemen. Schwerer als das Gemeinsame wiegt offenbar, was die beiden unterscheidet. Auf einen augenfälligen Nenner gebracht, ist das die Konzentration auf Kernprodukte und -lieferanten im ersten Fall, ausgeuferte Sortiments- und Beschaffungsvielfalt im zweiten.

Die Beobachtung hat mehr als anekdotischen Reiz. Sie bestätigt wieder einmal, daß es »schlechte« Branchen nicht gibt. Daß Spitzenfirmen auch in sogenannten schwierigen Industrien und Zeiten deutlich erfolgreicher sind als leistungsschwache Unternehmen in blühenden »Zukunftsbereichen«. Und auch der Weg zur Überlegenheit wird in Umrissen deutlich – einfache Ziele, Strukturen und Abläufe, vorbehaltlos konzipiert und kompromißlos umgesetzt. Diese Einfachheit hat mit Bündelung der Kräfte und Selektion zu tun, wenig mit Abmagerung und gar nichts mit Magersucht.

Nicht nur für den deutschen Maschinenbau, der nach einem Mut machenden Zwischenhoch zu Beginn der 90er Jahre wieder in heftige Turbulenzen geriet, ist das eine gute Nachricht. Der Weg der Vereinfachung hat das Zeug zum Ausweg aus scheinbar ausweglosen Situationen in den unterschiedlichsten Branchen. Vor allem dort, wo die konjunkturelle Talfahrt von Abnehmerindustrien und scharfer internationaler Wettbewerb den Handlungsspielraum bedrohlich einengen.

Ohne weiteres einsichtig ist dieser Weg allerdings nicht. Zu verbreitet, und lange eingeübt, ist die umgekehrte Gewohnheit: sich dem, was der Markt vermeintlich fordert und was interne Sachzwänge gebieten, mit ständig wachsender Komplexität anzupassen. Gegen Marktstagnation und Marktanteilsverlust wird eine Vielfalt von Produkten und Varianten ins Feld geführt; das ist vielleicht das vertrauteste dieser Handlungsmuster. Das Ihre tun aber auch die Jagd nach vermeintlichen Synergien durch immer umfangreichere Zentralfunktionen, ebenso wie die extensive Vorwärts- und Rückwärtsintegration in Verfolgung von Know-how- und Kostenvorteilen oder – zur Bewältigung des Ganzen – immer komplexere EDV-Systeme.

Die Hypothese, daß hier ein grundlegender Denkfehler am Werk ist, bildete sich über Jahre in zahlreichen Beratungssituationen in unterschiedlichen Unternehmen, Branchen und Ländern heraus: Zahllose Indizien signalisierten, daß auch im Führen von Unternehmen weniger mehr ist, daß in der Beschränkung der Meister liegt und die Kunst des Weglassens ungeahnte Kräfte freisetzt. Wie eng der Zusammenhang zwischen konsequent praktizierter Einfachheit und Unternehmenserfolg tatsächlich ist, wurde für zwei verwandte Branchen inzwischen empirisch untermauert. Bei deutschen Maschinenbauern und Komponentenherstellern, so bestätigte eine Langzeitstudie von McKinsey & Company in Zusammenarbeit mit der Technischen Hochschule Darmstadt, sind Spitzenergebnisse überraschend deutlich gekoppelt an überdurchschnittliche Einfachheit und Umsetzungsstärke in der strategischen und operativen Führung.

Unter den betrachteten Unternehmen ist die Wachstumsrate der besten annähernd viermal so hoch wie die der schwächsten Wettbewerber, die Umsatzrendite zweieinhalbmal so hoch. Die Besten schaffen das, weil sie ein Erfolgsrad in Gang halten: Sie erzielen sowohl eine klare *strategische Differenzierung* im Kundennutzen als auch *operative Spitzenleistung* bei Kosten, Geschwindigkeit und Qualität. Das führt zu *nachhaltigem Unternehmenserfolg,* der wiederum *zukunftsträchtige Investitionen* in neue Produkte, Märkte oder Mitarbeiter möglich macht – und damit strategische Differenzierung, und so weiter (Schaubild 1).

In der Langzeitstudie wurde der Unternehmenserfolg mit Hilfe einer »Erfolgskennzahl« definiert; sie macht nachvollziehbar und vergleichbar, wie gut einzelne Unternehmen absolut und relativ zueinander dastehen. Noch aufschlußreicher aber ist, daß sich Stellhebel ausmachen lassen, über die durch einfache Lösungen überlegener Unternehmenserfolg herbeigeführt wird.

Wie gut ist »gut«?

Erfolg, auch der von Unternehmen, hat bekanntlich viele Väter. Und nicht weniger vielfältig sind seine Gesichter – Marktanteil,

Einfache Stellhebel treiben ein Erfolgsrad aus Leistung, Ertragskraft und Sicherung künftiger Überlegenheit

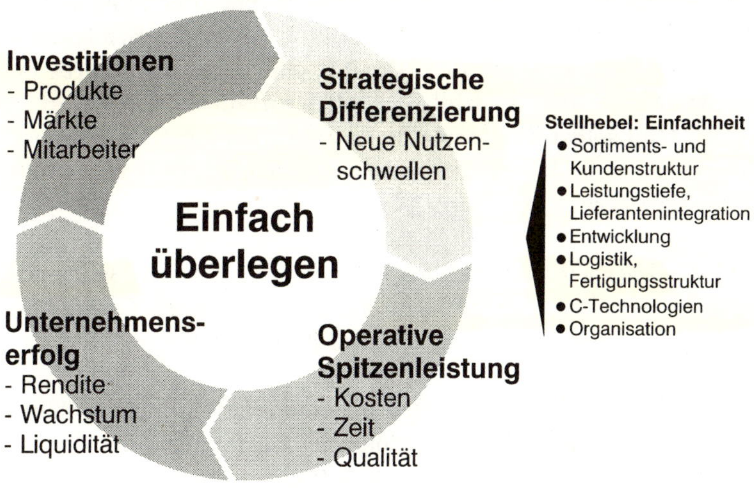

Schaubild 1

Ertrag, Wachstum, Kundenloyalität, Finanzkraft, Image und so weiter. Der wahre, weil nachhaltige Erfolg wird immer eine Collage aus diesen Teilansichten sein. Das jedenfalls war die Idee der Erfolgskennzahl, die das Team in der Langzeitstudie für seine Klassifizierung in »erfolgreiche« und »weniger erfolgreiche« Unternehmen zugrunde legte.

In die gewichtete Kennzahl gehen Werte für Rendite (50%), Wachstum (25%) und Liquidität (25%) ein:

Spitzenwerte für *Eigenkapital- und Umsatzrendite* geben den Erfolgreichen erst die Möglichkeit, eines ihrer wichtigsten gemeinsamen Merkmale auszuleben: ihre Investitionsfreude. Sie investieren im Schnitt jährlich zehn Prozent ihrer Wertschöpfung oder ca. 16.000 DM pro Mitarbeiter. Das ist rund doppelt soviel, wie die weniger Erfolgreichen einsetzen, und entsprechend groß ist ihr Vorsprung im Standard der Fertigung – zum Beispiel Einsatz neuer Technologien wie CAD/CAM –, in der Produktinnovation, der Erschließung neuer Märkte oder der Weiterbildung von Mitarbeitern.

Überdurchschnittliches *Wachstum* bleibt, bei aller Skepsis gegenüber Gigantomanie jeder Art, ebenfalls eine wichtige Erfolgsvoraussetzung. Hohe Personalproduktivität oder auch optimierte Fertigungstiefe lassen sich sozialverträglich nur durch Wachstum realisieren. Und selbst die unerläßliche Zufuhr neuer Fähigkeiten und Kenntnisse durch Neueinstellungen muß ohne ausreichendes Wachstum verkümmern.

Und die *Liquidität* schließlich, hier verstanden als Brutto-Cashflow im Verhältnis zum Umsatz, ist schlechthin die Grundvoraussetzung für Handlungsfähigkeit und Flexibilität.

In jeder dieser Leistungsgrößen liegen die Erfolgreichen nicht nur marginal über den weniger Erfolgreichen, sondern der Vorsprung reicht von 78 Prozent mehr Eigenkapitalrendite bis zu 348 Prozent höherem nominalen Umsatzwachstum (Schaubild 2). Dabei streuen

Erfolgreiche Unternehmen beeindrucken durch die Größe ihres Vorsprungs

Maschinenbauer und Komponentenhersteller
1985 - 1989, in Prozent

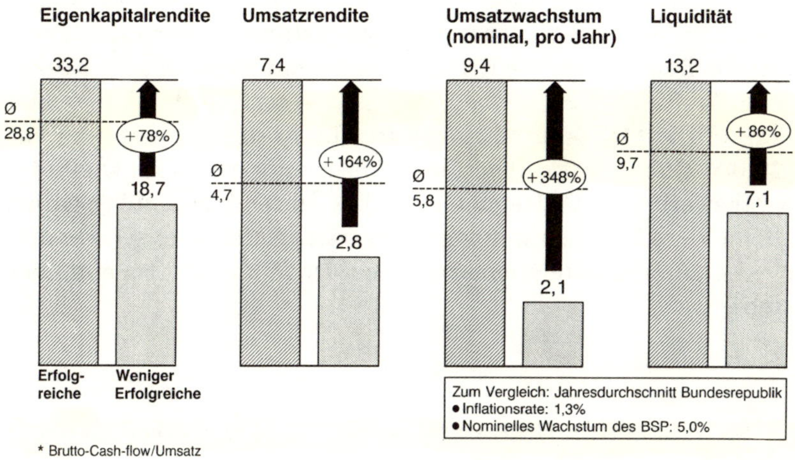

Schaubild 2

die Ergebnisse im Maschinenbau breiter als in der offenbar homogeneren Gruppe der Komponentenhersteller. Bei der Umsatzrendite etwa erreichen die besten Maschinenbauer im Durchschnitt mehr als den fünffachen Wert der weniger erfolgreichen, bei den Komponentenherstellern ist der Abstand nur halb so groß. Ähnlich stellt sich das Bild bei Wachstum und Liquidität dar.

In beiden Branchen ruht der Erfolg auf breitem Fundament. Ihr Wachstum erzielen die Spitzenreiter nicht zu Lasten der Ertragskraft – die Expansivsten sind auch die Profitabelsten. Und noch eine landläufige Vorstellung von den Gesetzmäßigkeiten der Leistungssteigerung in Unternehmen wird hier widerlegt: daß nämlich höhere Qualität und/oder Geschwindigkeit mit höheren Kosten erkauft werden muß und umgekehrt. Die erfolgreichen Unternehmen haben zwar alle eine besonders markante Stärke entweder bei Qualität oder Geschwindigkeit oder Kosten, überlegen im Vergleich zu den Schwächeren sind sie aber in allen drei Dimensionen.

In konkreten Zahlen äußerte sich das zum Beispiel im Maschinenbau so: Im Vergleich zu den weniger wachstums- und ertragsstarken Unternehmen waren die Erfolgreichsten mit ihren ca. acht Wochen Durchlaufzeit in der Fertigung doppelt so schnell; ihre Wertschöpfung pro Mitarbeiter, als Indikator für Kosteneffizienz, war mit 119.000 DM um 20% höher; und gleichzeitig waren im Qualitätswettbewerb zwei Drittel der Produkte führend, gegenüber gerade einem Viertel bei den weniger erfolgreichen Herstellern (Schaubilder 3, 4). Ähnliche Relationen ergaben sich für die Komponentenhersteller.

Erfolgreiche Unternehmen sind in allen drei Dimensionen gleichzeitig überlegen

Maschinenbau 1989

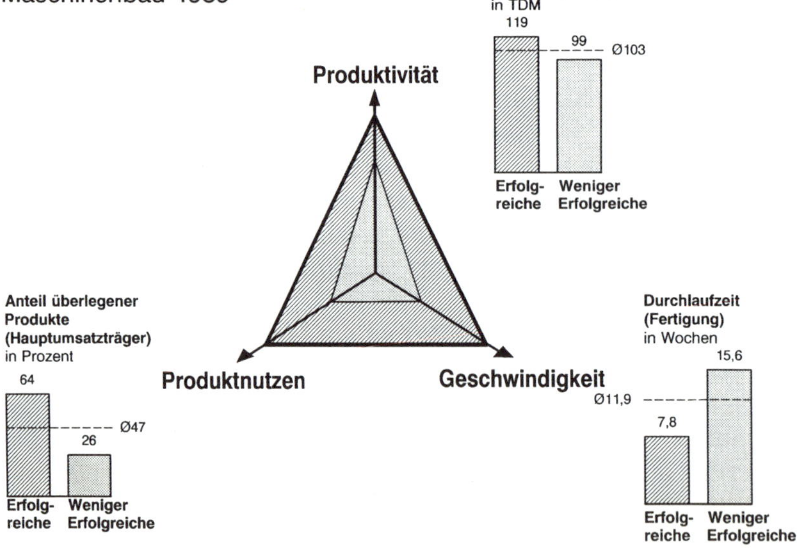

Schaubild 3

In der Personalproduktivität haben erfolgreiche Maschinenbauer einen Vorsprung von über 20 Prozent

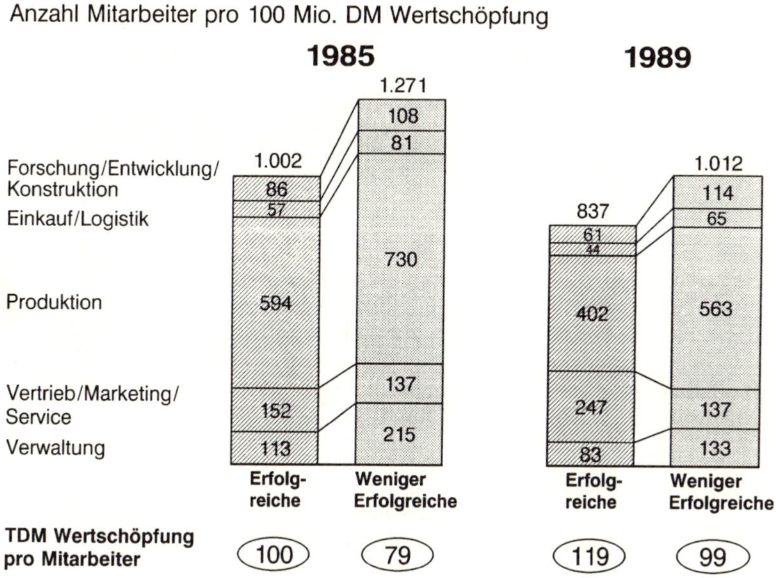

Schaubild 4

Trotz dieser Rundum-Überlegenheit läßt sich immer in einer der drei Dimensionen eine besondere Stärke ausmachen, über die sich das einzelne Erfolgsunternehmen am Markt differenziert. Im Maschinenbau sind das vor allem ein hoher Anteil überragend wettbewerbsfähiger Produkte und Produktivitätsvorteile. Dagegen scheinen bei den Durchlaufzeiten alle Erfolgreichen inzwischen relativ gute Werte zu erzielen (Schaubild 5).

Bei den Komponentenherstellern ist es die Produktqualität, die als Trumpf im Wettbewerb inzwischen weitgehend ausgereizt ist. Angesichts rigoroser Forderungen anspruchsvoller Abnehmer bieten hier praktisch alle erfolgreichen Unternehmen vergleichbare, gute

Jedes erfolgreiche Unternehmen hat eine besonders ausgeprägte Stärke

BEISPIEL: ZWEI ERFOLGREICHE MASCHINENBAU-UNTERNEHMEN

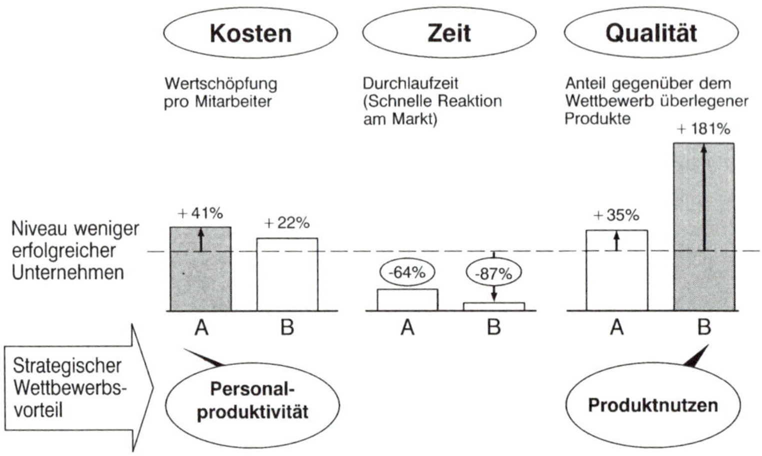

Schaubild 5

Produkte. Differenzieren kann man sich hingegen über Zeit und Kosten. So kommt ein Unternehmen der Spitzengruppe mit weniger als einem Drittel der Durchlaufzeiten schwacher Wettbewerber aus, ein anderes profiliert sich durch doppelt so hohe Personalproduktivität, d.h. ein deutlich günstigeres Kostenniveau.

Wo sind die Stellhebel?

Wenn die Spitzenleistungen bei Qualität, Geschwindigkeit und Kosten im wesentlichen durch Einfachheit und Umsetzungsstärke entstehen – so die Quintessenz aus Beratungserfahrung und Langzeitstudie – wie kommen diese Stärken selbst zustande? Wie bildet und entwickelt sich die Praxis der einfachen, realistischen Ziele, die auch in hohem Maße umgesetzt werden, und der so leistungsfördernd einfachen Strukturen und Abläufe?

Das Verhaltensmuster, auf das es ankommt, erstreckt sich über das gesamte strategische und operative Handlungsspektrum der Unternehmensführung. Es äußert sich zum Beispiel als Vereinfachung durch strategische Konzentration – Konzentration auf einen entscheidenden Kundennutzen und auf besonders leistungsstarke Stufen der eigenen Wertschöpfungskette. Hinzukommen muß die Vereinfachung der Schnittstellen; das bedeutet extern eine Reduzierung der Anzahl Kunden und Lieferanten ebenso wie die möglichst effiziente Gestaltung der Zusammenarbeit mit ihnen, intern im wesentlichen die Überwindung funktionaler Grenzen. Und schließlich kommt Vereinfachung zustande durch Beherrschung der internen Komplexität; das heißt Führen über einfache Ziele mit direkter Relevanz für den Geschäftserfolg, aber auch überschaubare, transparente Abläufe.

Die strategische und operative Vereinfachung durchzieht mithin alle Funktionen im Geschäftssystem, vom Einkauf über Entwicklung und Produktion bis hin zu Verkauf und Service. Die konkreten Stellhebel, mit denen die genial einfachen Ziele, Strukturen und Abläufe verwirklicht werden, liegen im Einflußbereich jeder Unternehmensleitung: Es sind Sortiments- und Kundenstruktur, Fertigungstiefe, Entwicklung, Standortstruktur, Technologie, Organisation.

1. Sortiments- und Kundenstruktur: Konzentration auf Kernbereiche bei optimalem Kundennutzen. Wer ist nicht in hart umkämpften Märkten schon einmal in Versuchung geraten, in Nischensegmente auszuweichen oder aber – in der Hoffnung auf Stabilisierung oder Steigerung des Marktanteils – immer neue Kundenwünsche zu erfüllen? Leider birgt beides mehr Risiken als Chancen. Im ersten Fall ist die Gefahr akut, daß man sich in immer höherpreisigen Segmenten wiederfindet, die langfristig schwer zu verteidigen sind. Im zweiten riskiert man, durch Überkomplexität unkontrollierbare Kostenstrukturen aufzubauen, die mangels Transparenz auch die Volumenprodukte in ihrer Wettbewerbsfähigkeit schwächen.

Erfolgreiche Maschinenbauunternehmen sind wettbewerbsfähig im Volumensegment. Dazu verhilft ihnen entweder Kostenführerschaft oder ein hoher Anteil an Produkten, die im Wettbewerb qualitativ überlegen sind. Eine breite Kundenbasis trägt zum Erfolg bei, Verzettelung durch große Sortimentsbreite hingegen erweist sich als ein wachstums- und ertragszehrendes Übel, das die Erfolgreichen konsequent vermeiden. Bei den Komponentenherstellern erzielt derjenige die besten Ergebnisse, der Kernkunden bedient und sich vom Rest fernhält.

Bei der Optimierung des Kundennutzens – A und O des Erfolges für Maschinenbauer wie Komponentenhersteller – spielt das Konzept des »break point«, der Nutzen- oder Leistungsschwelle, eine entscheidende Rolle. Denn: Die Besten streben nicht nach irgendwelchen oder möglichst vielen Verbesserungen des Angebots, sondern nach einer Verbesserung, die in der Wahrnehmung des Kunden eine Nutzenschwelle überschreitet (Schaubild 6). Ein typisches, inzwischen fast schon klassisches Beispiel war die Beschleunigung der Filmentwicklung in Fotolabors: Als die Wartezeit für Kunden noch fünf Tage vom Abgabezeitpunkt an betrug, hätte eine Verkürzung auf drei Tage wenig bewirkt. Eine Nutzenschwelle wurde jedoch überschritten, als die Fotos innerhalb einer Stunde abholbereit waren: In Kaufhäusern und Einkaufszentren mit Filmannahmestellen und angegliedertem Fotolabor griffen Kunden begeistert die Möglichkeit auf, ihre Filme zu Beginn des Einkaufsbummels abzugeben und die fertigen Bilder vor Verlassen des Geschäftes wieder abzuholen.

Die Zeit der Minilabors war angebrochen – der bequeme Standort und die dramatische Zeitverkürzung zusammen verhalfen ihnen schnell zu einem beträchtlichen Marktanteil. Neueste Analysen

Nur eine krasse Differenzierung im Produktnutzen beeinflußt das Kundeninteresse

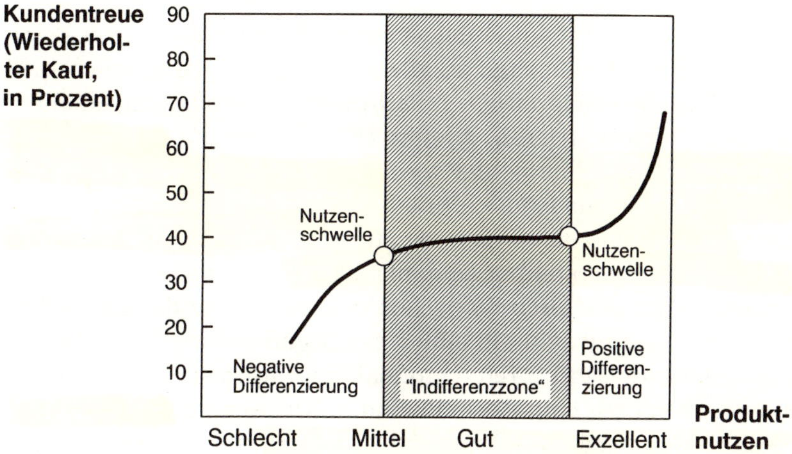

Schaubild 6

zeigen inzwischen, daß derartige Nutzenschwellen bewegliche Ziele sind: die nächste dürfte bei zehn Minuten liegen, denn zunehmend möchten die Kunden ihre Abzüge gleich nach Abgabe wieder mitnehmen.

2. Leistungstiefe: Ausbau der eigenen Stärken, Integration der Hauptlieferanten. Wer kennt nicht den »Sachzwang«, teure Fertigungstechnologien auch auszulasten? Wird dies zur Handlungsmaxime, so gerät man leicht in einen Strudel von Entscheidungen, die nach der Investition zur Verlagerung von Teilen in die Eigenfertigung führen – und dann, um diese kostengünstig zu produzieren, erneut die Investition in neueste Technologie erforderlich machen. Den Freiraum für strategische Entscheidungen über die Fertigungstiefe engt man sich damit immer mehr ein. Und auch einige andere liebgewordene Vorurteile tragen hierzu bei – so insbesondere die Vorstellung, langfristige Liefersicherheit und eine starke Position in Preisverhandlungen könne man nur mit mindestens zwei bis drei Lieferanten pro Teil erreichen.

Nun heißt in der Tat das Erfolgskonzept »Einfachheit« in der Fertigungstiefe nicht unbedingt möglichst wenig Fertigung im eigenen Haus. Wie die erfolgreichen Maschinenbauer und Komponentenhersteller demonstrieren, kommt es vielmehr auf vorbehaltlose Kosten-/ Nutzen-Überlegungen an: Leistungen, die nicht aus Wettbewerbsgründen im Hause erbracht werden müssen, sollten immer dann fremdvergeben werden, wenn das zu günstigeren Konditionen, als intern herstellbar sind, möglich ist. Das bedeutet eine Optimierung der gesamten Wertschöpfungskette über das eigene Unternehmen hinaus, einschließlich der Schaffung wettbewerbsfähiger Lieferantenstrukturen. Handhabbar wird das aber wiederum nur durch konsequente Vereinfachung: Nur wer sich auf möglichst wenige, leistungsfähige Partner beschränkt, bis hin zum Single-sourcing, kann sie in einer fruchtbaren, arbeitsteiligen Beziehung integrieren.

Entsprechend gibt es viele »beste« Modelle. Bei den Komponentenherstellern, mit ihrer hohen Abhängigkeit von operativer Perfektion, haben die erfolgreichsten die größte Fertigungstiefe. Im Maschinenbau dagegen variiert die Fertigungstiefe je nach Segment auch zwischen Spitzenunternehmen. Einheitlicher ist das Bild bei der Anzahl der Lieferanten: Die erfolgreichen Maschinenbauer und Komponentenhersteller kommen im Schnitt mit 800 Lieferanten aus, die weniger erfolgreichen haben zwei- bis dreimal soviele; ebenso beziehen die Erfolgreichen über die Hälfte ihrer Bauteile von jeweils nur einem Lieferanten; die weniger Erfolgreichen hingegen praktizieren dieses Single-sourcing nur bei zwölf Prozent der Teile.

3. Entwicklung: Risikominimierung durch starkes Vorfeld und Integration. Wer kennt nicht die Entwicklungsabteilung, die auf den Ruf nach wettbewerbsfähigen Produkten oder kürzeren Entwicklungszeiten zunächst einmal mit Personalanforderungen kontert? Dafür wird dann der große Innovationssprung für die nächste Produktreihe angepeilt. Da sich die Produkteinführung aber dramatisch verzögert, ist man gezwungen, die gesamte Entwicklungsmannschaft beim Serienanlauf einzusetzen – und die Vorentwicklung zu plündern. Unzufriedenheit mit der Entwicklungsleistung und damit erneut Forderungen und Gegenforderungen nehmen wieder ihren Lauf.

Bei den erfolgreichen Maschinenbauern und Komponentenherstellern herrschen andere Sitten. Relativ, bezogen auf den Umsatz, geben sie 35 Prozent weniger für ihre Produktentwicklung aus als die schwächeren Wettbewerber. Dank ihres straffen Sortiments stehen ihnen trotzdem pro Produkt und Jahr absolut fast 40 Prozent mehr Mittel zur Verfügung. Das Ergebnis kann sich sehen lassen. Mit Entwicklungszeiten, die um die Hälfte kürzer sind, schaffen sie es, bei sechs von zehn Produkten dem Wettbewerb klar überlegen zu sein.

Ihre überragenden Entwicklungsleistungen erzielen die Erfolgreichen im wesentlichen durch eine optimale Produkt-/Prozeß-Abstimmung und rigorose Einfachheit: Absicherung der Konzepte im Vorfeld, gekoppelt mit stark integriertem Entwicklungsablauf über alle Funktionen und Zulieferer, schafft ein ballastfreies, risikoarmes Hauptfeld.

4. Logistik: Einfachheit durch Differenzierung. Von einer Konzentration der Fertigung und Gleichbehandlung aller Teile und Komponenten verspricht man sich häufig große Synergien. Wahrscheinlicheres Ergebnis sind allerdings geringe Transparenz, überlange Durchlaufzeiten und Reichweiten – und trotz hoher Bestände weiterhin Dauerprobleme mit Fehlteilen.

Einfachheit durch größere Vielfalt, zumindest aber größere Differenzierung, ist nur scheinbar ein Widerspruch. Denn genau das erreichen die erfolgreichen Maschinenbauer und Komponentenhersteller mit ihrer Standort- und Logistikpolitik: Getrennte, aber maßgeschneiderte Behandlung von Produktgruppen, Teile-Arten und Fertigungstypen senkt die Kosten, verkürzt die Durchlaufzeiten und erhöht Servicegrad und Qualität.

Wenn in den Jahren 1985 bis 1989 jedes zweite der erfolgreichen Unternehmen in einen neuen Standort investiert hat, dann hat sich die Anzahl Standorte wahrscheinlich nicht verändert. Jeder einzelne Standort ist aber jetzt auf eine einzige Produktgruppe konzentriert, oder er hat zumindest für einzelne Produktgruppen klar ausgerichtete »Werke im Werk«. Bei den weniger Erfolgreichen herrschen weiterhin historisch gewachsene Strukturen vor – Investitionen in neue Standorte hat nur eines von zehn Unternehmen getätigt.

Auch steuern die weniger Erfolgreichen ohne Unterschied ihr gesamtes Teilesortiment mit den gleichen Systemen und fast einheitlichen Reichweiten, während die Besten klar differenzieren: Bei A-Teilen konzentrieren sie sich auf möglichst niedrige Bestandskosten, bei C-Teilen hingegen auf die Minimierung der Fehlteile- und Handling-Kosten. Die Fertigungssteuerung liegt bei den Erfolgreichen für die Einzelfertigung weitgehend auf Meisterebene – hier werden Maschinenbelegung, Reihenfolge und Losgrößen optimiert –, für die Großserienfertigung übernehmen zentrale Einheiten diese Aufgaben.

5. Technologie: Vereinfachung vor Automatisierung. Wenn die Produkte immer komplexer werden, der Kosten- und Qualitätswettbewerb steigenden Druck erzeugt, verheißen neueste Technologie und übergreifende Systeme Rettung. Die Optimierung von, zum Beispiel, Schnittgeschwindigkeit und Bearbeitungszeiten bei hoher Flexibilität zwingt dann zum Aufbau schlagkräftiger Infrastrukturen in Bereichen wie Produktionsvorbereitung, Qualitätswesen und Instandhaltung. Trotzdem – oder deswegen – will sich hohe Prozeßsicherheit nicht einstellen. Ergebnis sind häufig Nutzungsgrade von nur 50 bis 60 Prozent und eine Personalproduktivität, die um die Hälfte unter den Werten der Spitzenreiter liegt.

Diese erzielten im Maschinen- und Komponentenbau von 1985 bis 1989 Kosten-, Zeit- und Qualitätsverbesserungen um 30 bis 40 Prozent allein durch Einsatz moderner »C«-Technologie wie Computer-aided Design (CAD) oder Computer-aided Manufacturing (CAM). Ihre weniger erfolgreichen Wettbewerber brachten es auf maximal 15 Prozent. Natürlich haben die Erfolgreichen absolut mehr investiert, und sie haben wohl auch besser verstanden, Technologien mit möglichst hoher Wirkung auszuwählen. Vieles deutet jedoch darauf hin, daß dies nicht der wesentliche Grund für die besseren Ergebnisse war. Den Ausschlag gab eher die Art des Technologieeinsatzes: Statt zur Bewältigung übermäßiger Komplexität setzen die Erfolgreichen C-Technologien ein, um wichtige, überschaubare Aufgaben möglichst effizient zu erfüllen – CAD zum Beispiel ist besonders wirksam, wenn vorher die Produktstruktur bereinigt und das Programm standardisiert wurden.

Als exemplarisch für eine Automatisierung nach Vereinfachung kann der japanische Werkzeugmaschinenbauer Yamazaki gelten: Das Unternehmen installierte in seiner Fabrik ein Flexibles Fertigungssystem (FMS), das die Anzahl der Maschinen halbierte; die Kernfertigung bestand danach aus mehreren gleichartigen Maschinencentern mit weniger als 90 standardisierten Werkzeugen. Für diese stark vereinfachte Fertigung wurde eine CAD/CAM-Software installiert.

In diesem Fall bedeutet Standardisierung nicht modulare Bauweise des Produktes mit *einem* optimierten Baustein für alle Werkzeugmaschinen oder wenigstens einem hohen Anteil Gleichteile. Standardisiert wurde die Fertigungstechnologie. Das CAD-System enthält Informationen über die Verfügbarkeit geeigneter Technologien, Geometrien und Werkzeuge. Der Konstrukteur erfährt daher über das CAD-System, ob ein bestimmtes Teil im FMS gefertigt werden kann. Ist das nicht möglich, wird der Entwurf solange geändert, bis die technischen Voraussetzungen erfüllt sind. Ist die Fertigung möglich, werden die NC-Programme sofort geschrieben, und die Fertigung kann anlaufen, sobald das Material vorhanden ist.

Auf diese Weise konnte Yamazaki die Einführungszeiten neuer Produkte enorm verkürzen – von fünf auf unter zwei Jahre –, und Produkte konnten auf die »technischen« Fähigkeiten des FMS hin konstruiert werden. Diese optimale Produkt/Prozeß-Abstimmung erlaubte weiterhin eine Senkung der Herstellkosten um 13 Prozent und führte speziell in den USA durch die Verkürzung der Innovationszeiten zu einer neuen Wettbewerbsdynamik.

Einfachen Lösungen geben die Erfolgreichen auch dadurch Vorrang, daß sie sich nicht auf einen integrierten Systemansatz und durchgängige Prozeßketten festlegen; eine vollständige Systemausstattung einzelner Abteilungen zu einem früheren Zeitpunkt ist ihnen oft mehr wert. Zwar verlieren sie eine spätere Integration nicht aus den Augen, doch wichtiger als der »große Wurf« in fünf bis zehn Jahren ist es diesen Unternehmen, die wesentlichen Fähigkeiten aufzubauen, zum Beispiel in der Handhabung von CAD, und die Mitarbeiter durch schnelle Anfangserfolge zu motivieren.

6. Organisation: Überschaubarkeit und Unternehmertum. Wer wäre nicht versucht, bei rückläufigen Ergebnissen mit mehr zentraler Steuerung bis hinein in den operativen Bereich zu reagieren, oder bei schwindender Wettbewerbsfähigkeit mit dem Aufbau von Spezialisten, sei es in den Linienfunktionen oder in Stabseinheiten? Unlösbar verbunden damit ist der Ruf nach übergreifenden Systemen, die entscheidungsrelevante Informationen bereitstellen. Das Ergebnis ist nur allzu vertraut: Warten auf die alles regelnden Systeme, die sich immer weiter verzögern; viele Daten, aber immer noch nicht die gewünschte Information; lange Entscheidungswege mit vielen Änderungen und großem Anpassungsbedarf; funktionale Optimierung mit Schuldzuweisung an die jeweils »anderen«; oft aber auch übermäßige »interne Orientierung« und Demotivation der Leistungsträger.

In der Tat, die angesprochenen Stellhebel zur Förderung der Einfachheit brauchen alle organisatorische Antriebshilfe, wenngleich das nicht überall so deutlich wird wie bei der Standortstruktur. Die Unternehmensorganisation, mit ihren »harten« Elementen (Struktur, Strategie, System) und deren »weichen« Pendants (Stammpersonal, Spezialkenntnisse, Stil, Selbstverständnis), wird selbst zum wichtigen Stellhebel. Ihr Beitrag zur Einfachheit: homogene, selbststeuerungsfähige Einheiten, Transparenz von Ursache und Wirkung, schnelle Rückkopplung über Erfolg und Mißerfolg.

Die überlegene Kompetenz und Motivation, die eine solche Organisation hervorbringt – sowohl direkt als auch indirekt über die anderen Stellhebel –, ist wahrscheinlich der wertvollste Wettbewerbsvorteil von allen. Denn er ist, wenn überhaupt, nur über Jahre aufholbar.

Was nach Patentrezept aussieht, stößt heute weithin auf Skepsis; das ist verständlich und gut so – im Lichte allgemeiner Lebenserfahrung ebenso wie im Rückblick auf die Historie vielfältiger Management-by-Methoden. Dennoch, die unterschiedlichen Erfolgs- und Verhaltensmuster, wie sie in den oben skizzierten Analysen und Beobachtungen erkennbar werden, lassen eine Verallgemeinerung zu: Unter grundsätzlich vergleichbaren Unternehmen ist dasjenige besonders leistungsfähig, dem es am besten gelingt, durch strategische Konzentration, Schnittstellen- und Komplexitätsmanagement Einfachheit zu verwirklichen. Diese Einfachheit, das fiel uns bei der Auswertung unserer Untersuchungsergebnisse auf, ist nur selten von der brachialen Spielart »Ei des Kolumbus« oder »gordischer Knoten«. Häufiger sind Varianten von Einfachheit, die daran erinnern, daß in der Natur die gesamte Evolution auf drei Prinzipien beruht – Variation, Selektion, Reduplikation. Es ist der Königsweg zur Einfachheit, auch in der Unternehmenspraxis.

Gerade im Maschinenbau sagt im übrigen schon eine alte Ingenieurweisheit, daß die besten Maschinen die mit den wenigsten beweglichen Teilen sind. Und schließlich kommt Bestätigung noch von ganz anderer Seite: von Antoine de Saint-Exupéry[1], der ohne Wenn und Aber erklärt: «Vollkommenheit entsteht offensichtlich nicht dann, wenn man nichts mehr hinzuzufügen hat, sondern wenn man nichts mehr wegnehmen kann«.

Auf welche Weise diese Einfachheit über die sechs Stellhebel herbeigeführt werden kann, sollen die folgenden Kapitel ausführlicher darstellen – als positive Verstärkung für die Leistungsführer im Maschinen- und Komponentenbau, als Ermutigung für die schwächeren Marktteilnehmer, aber auch als Orientierungshilfe für andere Bereiche des verarbeitenden Gewerbes.

[1] A. de Saint-Exupéry: Wind, Sand und Sterne, Düsseldorf 1989 (18. Auflage)

I. Sortiments- und Kundenstruktur: Konzentration auf Kernbereiche bei optimalem Kundennutzen

Nirgendwo wird das Gebot der Einfachheit öfter und gröber verletzt als im Produktprogramm und in der Marktabdeckung. Und nirgendwo ist das verständlicher: Zu offensichtlich sind die scheinbaren Vorteile der Vielfalt, zu verdeckt – durch traditionelle Kostenrechnung und ressortbezogene Sichtweisen – sind die Belastungen, die diese Vielfalt mit sich bringt.

Jede neue Produktvariante, die im stagnierenden Markt ein paar Nischenkunden hinzugewinnt, verhilft zu Deckungsbeiträgen und besserer Auslastung. Wer macht da je die Gegenrechnung auf: daß, zum Beispiel, Spezialprofile dem Stahlhersteller zwar deutlich höhere Deckungsbeiträge pro Tonne bringen, als mit Massenprodukten zu erzielen sind, daß aber der Gesamtbeitrag überhaupt nicht ins Gewicht fällt (Schaubild 1). Zu verlockend ist die Vorstellung, sich über einen weiteren Ausbau des Spezialproduktsortiments aus dem ungeliebten Kostenwettbewerb bei der Massenproduktion hinausstehlen zu können, als daß man geneigt wäre, der Realität ins Auge zu sehen. Denn die sieht oft wie folgt aus:

- ⇛ Der Gesamtmarkt für Spezialprodukte ist viel zu klein; selbst hohe Marktanteile reichen nicht aus, die Produktionskapazität zu füllen
- ⇛ Die Standardprodukte werden laufend technisch verbessert und erobern Positionen in ehemaligen Nischen
- ⇛ Die Nischenprodukte treiben die Komplexitätskosten in die Höhe und untergraben die Wettbewerbsfähigkeit des gesamten Sortimentes.

Die meisten Unternehmen, die den »Weg in Spezialprodukte« als ihre Strategie propagierten, mußten nach einigen Jahren feststel-

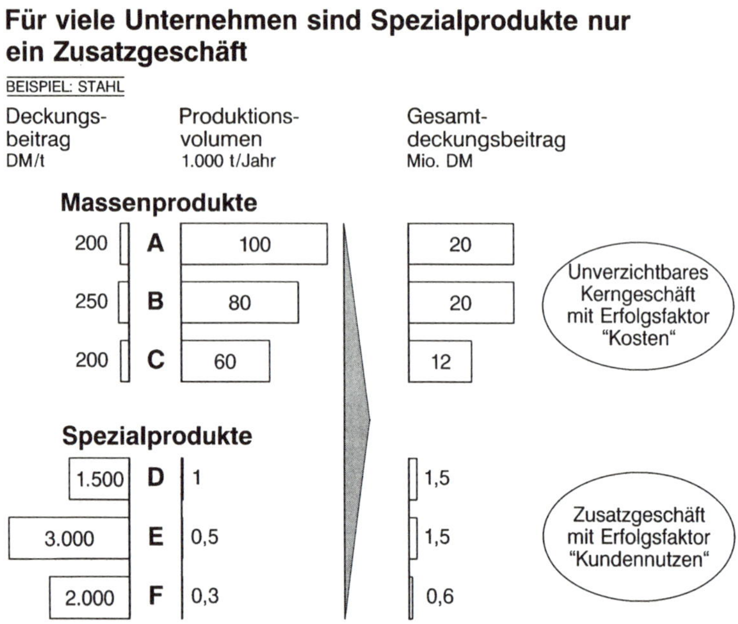

Schaubild 1

len, daß sie auf halbem Wege stecken geblieben waren. Sie hatten zwar eine dem Spezialprodukt angemessene Infrastruktur, Sonderabteilungen waren aufgebaut worden, um die Produktvielfalt mit all ihren Besonderheiten zu betreuen; nach jedem Verfahrensschritt gab es hochqualifizierte Prüfmechanismen, die den Bedürfnissen der High-Tech-Produkte gerecht wurden – doch es fehlte die Auslastung: produziert wurden weiterhin überwiegend Massenprodukte. Mit der aufwendigen Infrastruktur hatte man aber den Anschluß an die Wettbewerber verloren, die zwischenzeitlich ihre Kostenstrukturen optimiert hatten. Ergebnis: »stuck in the middle« (Schaubild 2).

Wie kann es zu solchen unglaublichen Fehlentwicklungen kommen? Wieso ist das Management nicht in der Lage, die Problematik

Mischung von Massen- und Spezialprodukten führt oft zu Verlusten

Abhängigkeit der Umsatzrendite
von der Produktvielfalt, Beispiel Stahl

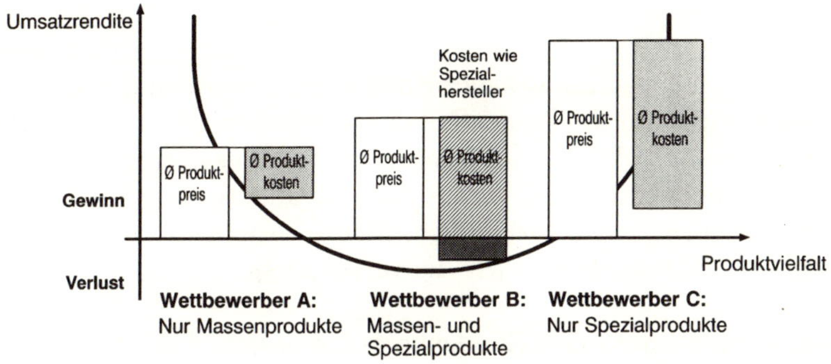

Schaubild 2

frühzeitig zu erfassen und gegenzusteuern? Die Ursache liegt in der fehlenden Transparenz. Viele komplexitätstreibende Entscheidungen werden an Stellen getroffen, wo normalerweise die Folgekosten gar nicht absehbar sind – zum Beispiel von dem Konstrukteur, dem zur Ausführung seiner Konstruktion ein Bolzen fehlt. Sich diesen Bolzen für seinen Zweck neu zu konstruieren, ist für ihn eine Sache von Minuten. Begibt er sich hingegen auf die langwierige Suche im Teilekatalog, ob ein vorhandenes Teil seine Spezifikation erfüllt, so weiß er, daß der Aufwand höchstwahrscheinlich weit größer sein wird.

Daß er einem Trugschluß aufsitzt, wird erst aus übergeordneter Sicht deutlich: Der Rückgriff auf den vorhandenen Bolzen verursacht in Produktion und Service so gut wie keine Kosten; die Neukonstruktion dagegen setzt eine ganze Kostenlawine in Gang – Arbeitsplan, Disposition, Bereitstellung an der Montagelinie, Aufnahme in den Servicekatalog (womöglich zusätzlich zu einem älteren, funktionsgleichen Teil), Bevorratung im Ersatzteillager und so weiter. An echten Folgekosten kann da leicht ein vierstelliger Betrag zustandekommen.

Gewiß ist nicht alles, was hier Kosten verursacht, vom Übel. Das beweist nicht nur der Extremfall des inzwischen schon legendären Kleinwagen »Trabant« – wahrhaft einfach in Ausstattung wie Auswahlmöglichkeiten, aber auch, sobald ein anderes Angebot verfügbar war, nicht mehr verkäuflich. Merke: «Einfach« ist nicht mit »Rückständig« oder »Primitiv« zu verwechseln.

Wer für Sortiment und Kundenbasis die bestmögliche Größe und Struktur finden will, muß eine ständige Gratwanderung zwischen Zusatznutzen und Wildwuchs fertigbringen. Fehltritte können eine beachtliche Ergebniswirkung haben – zum Beispiel drei bis vier Prozentpunkte entgangene Umsatzrendite bei den Maschinenbauern und Komponentenherstellern aus der McKinsey-Langzeitstudie. Merkmal der Erfolgreichen ist »Einfachheit«, hier allerdings keinesfalls schematisch gleichzusetzen mit »Weglassen«. Vielmehr kommt es bei den Maschinenbauern darauf an, die Produktvielfalt zu begrenzen, während eine breite Kundenbasis durchaus wünschenswert ist; die Komponentenhersteller mit ihrer starken Bindung an die speziellen Bedürfnisse ihrer industriellen Abnehmer hingegen sind unter Ertragsgesichtspunkten am besten beraten, wenn sie die Kundenvielfalt in möglichst engen Grenzen halten und ihre Kernkunden optimal bedienen.

Was muß man bei der Gratwanderung beachten, um nicht einerseits in das Dickicht der ergebniszehrenden Überkomplexität zu geraten oder andererseits die durchaus attraktiven Möglichkeiten auszulassen, sich am Markt zu differenzieren und damit ergebnisträchtige Geschäfte zu erschließen? Überlegenes Komplexitätsmanagement folgt hier einigen einfachen Grundprinzipien:

⇛ Gewußt, wo und wieviel – das heißt Transparenz von Kosten und Nutzen der Komplexität

⇛ Überlegt, was an wen – das heißt durchdachte Auswahl der Produkte und der Kunden, mit denen man sein Geschäft betreiben will

⇛ Rest-Vielfalt, beherrschbar gemacht – das heißt möglichst einfache interne Umsetzung des als sinnvoll angesehenen Komplexitätsgrades.

Kosten und Nutzen – Gewußt, wo und wieviel

Vielfalt kann, wie gezeigt, einerseits Kundennutzen stiften und damit Ertragspotential erschließen, andererseits ist die Komplexität ein entscheidender Kostentreiber. Nötig ist deshalb, möglichst genau zu verstehen, wo im einzelnen Nutzen und Kosten in welcher Höhe anfallen. Das heißt zum Beispiel zu wissen, daß die Hereinnahme von zwei neuen Produktgruppen einem Nutzfahrzeughersteller zehn Prozent mehr Umsatz einbringen wird, daß damit aber gleichzeitig die Teilevielfalt und, entsprechend, die Komplexitätskosten auf das Doppelte steigen werden.

Transparenz, sowohl der Kosten als auch des Nutzens, ist erste Voraussetzung für sinnvolles Management der Komplexität. Das bedeutet, die Auswirkungen der Produkt- und Kundenvielfalt genau zu verstehen, aber auch die Barrieren, die diesen Durchblick verhindern, und die Maßnahmen, mit denen erfolgreiche Unternehmen die nötige Transparenz herstellen.

Auswirkungen der Produkt- und Kundenvielfalt. Bezüglich der Kosten sollte unser Nutzfahrzeughersteller zum Beispiel wissen, daß nicht weniger als 15 Prozent der Gesamtkosten eines Automobilherstellers, oft auch 20 Prozent, direkt abhängig sind von der Komplexität des Produktsortiments – zum Beispiel von der Anzahl Teile und Varianten. Diese Komplexitätskosten entstehen, wenn auch in unterschiedlichem Ausmaß, in den verschiedensten Funktionen (Schaubild 3). Denn verursacht werden sie, beispielsweise, durch Zeichnungserstellung, Stücklistenauflösung, Erprobung und Dokumentation in der Forschung und Entwicklung ebenso wie durch die Zahl der Lieferanten und den Dispositionsaufwand in Einkauf und Materialwirtschaft. Aber natürlich auch in der Fertigung, wo die Erstellung der Arbeitspläne, der Aufbau der Vorrichtungen, der Maschinenpark, Rüstvorgänge und die benötigte Fläche zu Buche schlagen. Ganz zu schweigen von entgangenen Potentialen für Produktivitätssteigerung, die sich bei einfachen Fertigungseinrichtungen wesentlich leichter realisieren lassen als bei komplexen Mehrfunktionsanlagen. In Logistik und Verwaltung nehmen Steuerungsaufwand, Bestände, Transportvorgänge, Kalkulationen und Inventuraufwendungen mit steigender Produkt- und Sortimentskomplexität zu, und in Vertrieb und Service schließlich sind Dokumentationsaufwand und Ersatzteilbestände betroffen.

Bis zu 20 Prozent der Gesamtkosten entstehen durch Sortimentskomplexität

Kostenstruktur eines Automobilherstellers

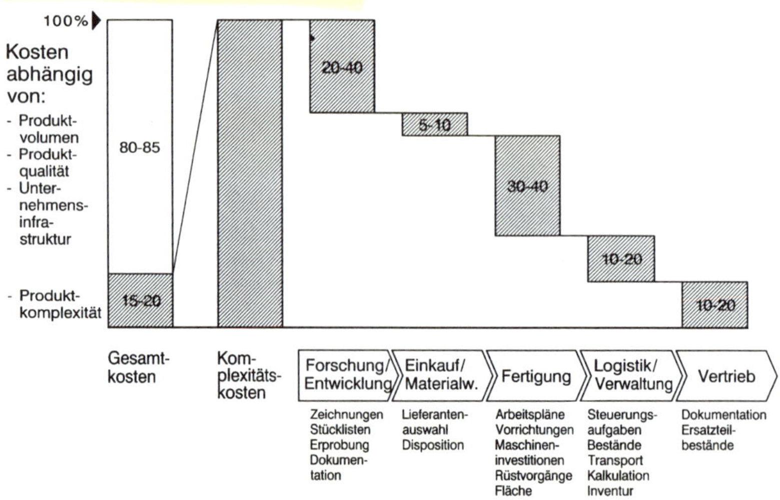

Schaubild 3

Was ist aber zum Nutzen der Vielfalt in diesem Beispiel zu sagen? Lassen sich mit den neuen Nutzfahrzeug-Produktgruppen neue Märkte erobern oder wenigstens neue Segmente erschließen? Oder besteht die Gefahr, daß die neuen Erzeugnisse in erster Linie eigene, schon existierende Produkte verdrängen? Gefordert ist eine nüchterne Analyse der neuen Produktgruppen *aus Kundensicht:* Gibt es Kunden, die erst mit diesen neuen Erzeugnissen angesprochen werden? Bringen die neuen Erzeugnisse für bestehende und neue Kunden einen Zusatznutzen, den die Kunden bereit sind, im Preis zu honorieren? Oder handelt es sich nur um eine sogenannte Sortimentskomplettierung aus technischer oder verkäuferischer Sicht?

Doch nicht nur bei Produkten ist die Kenntnis von Kosten und Nutzen der Vielfalt entscheidend; Gleiches gilt auch für Kunden. Welcher Commodity-Hersteller hat nicht schon einmal darüber nachgedacht, den Zwischenhandel auszuschalten und die Handelsmarge selber einzustreichen? Und andererseits – welchem industriellen Hersteller mit einem weitverzweigten Kundennetz sind, mit Blick auf seine hohen Vertriebskosten, nicht schon einmal Zweifel daran gekommen, ob sich die Belieferung der Kleinstkunden wirklich lohnt? Kosten und Nutzen der Kundenvielfalt zu verstehen, ist für ein gutes Komplexitätsmanagement genauso notwendig wie die Transparenz bei der Produktvielfalt.

Systembedingte Sichtbehinderungen. Was macht es so schwierig, die erforderliche Transparenz über Kosten und Nutzen der Vielfalt zu erlangen? Das Problem liegt primär in der Unzulänglichkeit der bestehenden Kostenrechnungssysteme.

So werden die Kosten der Vielfalt grundsätzlich unterschätzt, weil ein zu großer Teil der Gesamtkosten in den Gemeinkosten verschwindet. Denn als variable Kosten eines Teiles oder Produktes gelten das Material, die direkt zurechenbare Fertigungszeit und gewisse produktspezifische Einzelkosten. Hingegen werden Rüstzeiten, Kosten der Arbeitsvorbereitung und Ähnliches über Gemeinkostenzuschläge zugeordnet; sie belasten somit die Massenproduktion überproportional und die Sonderprodukte unterproportional.

Der Nutzen der Vielfalt wird in der Regel überschätzt. Es gibt kaum ein Produkt und kaum einen Kunden, dem die traditionellen Kostenrechnungssysteme nicht noch einen positiven Deckungsbeitrag zurechnen. Selbst die Belieferung des kleinsten Randkunden erscheint so auf den ersten Blick als ergebnissteigernd – man hat ja schließlich eine große schlagkräftige Verkaufstruppe, und die interne Abwicklung des Kundenauftrags erscheint im Zeitalter der Datenverarbeitung als nahezu kostenfrei.

Maßnahmen für mehr Durchblick. Wie sind diese Unzulänglichkeiten in den traditionellen Kostenrechnungssystemen zu beseitigen? Vielleicht durch noch wesentlich feinere Systeme, Deckungsbeitragsrechnungen erster, zweiter, dritter und vierter Ordnung? Darstellen läßt sich im heutigen EDV-Zeitalter sicher vieles, aber das Ergebnis ist dann ein extrem komplexes, aufwendiges Kostenrechnungssystem mit fragwürdigen Aussagen, die ausschließlich auf historischen Gegebenheiten beruhen (»Produkt A lastet die Anlage mit x% aus, Produkt B mit y%«), einen hohen Pflegeaufwand verursachen und wenig operativ sind.

Erfolgreiche Firmen bleiben daher bei ihren traditionellen Kostenrechnungssystemen, ergänzen diese aber um periodische Betrachtungen von Komplexitätskosten und -nutzen, die ihnen Faustregeln liefern (z.B. Kosten einer Ident-Nummer, Mindestdeckungsbeitrag eines Kunden, Kosten einer Auftragsbearbeitung).

Des weiteren verstehen es die Erfolgreichen, die gewonnene Transparenz so im Unternehmen zu verbreiten, daß jeder Entscheidungsträger ein verläßliches Gespür für die Kostenseite der Komplexität entwickelt. Anhand der »Faustregeln« kann jeder Mitarbeiter zum Beispiel für sich feststellen, welche Mehrkosten entstehen, wenn er zusätzliche Teile, Leistungen oder Arbeitsschritte verursacht. Der oben erwähnte Konstrukteur, der seinen neuen Bolzen ins Programm aufnehmen ließ, hätte also gewußt, daß das etwa 5.000 DM kostet. Ein Mitarbeiter im Außendienst würde wissen, daß der Kunde XYZ aufgrund seiner Unternehmensentwicklung auch auf Jahre nie zu einem Kernkunden werden kann, und würde seine Zeit effektiver einsetzen, um die Verbindungen zu den wichtigen A-Kunden zu festigen.

Was diese Transparenz von Kosten und Nutzen der Vielfalt bewirken kann, sei am Beispiel eines japanischen Waschmaschinenherstellers beschrieben. Im Bemühen um möglichst breite Marktabdekkung war ein Sortiment von fünf Leistungsstufen (gekennzeichnet durch Trommelgröße und Motorleistung) und 30 verschiedenen Bedienungskonsolen zustande gekommen. Nachdem sich hartnäkkig Renditeprobleme hielten, deckte eine Kostenanalyse auf, daß in der Fertigung extrem hohe Komplexitätskosten entstanden. Gleichzeitig ergab eine Analyse des Nutzens aus Kundensicht, daß drei Maschinenleistungen ausreichten, alle Anforderungen zu erfüllen, und daß die Kunden auch nicht mehr als drei unterschiedliche Bedienungskonsolen nachfragten. Ganz oben im Kundeninteresse hingegen stand ein differenziertes Außendesign, denn bei den beengten Wohnverhältnissen in Japan mußte sich die Waschmaschine in Wohnraum- oder Kücheneinrichtung einfügen.

Ergebnis der Betrachtung: Das Unternehmen leistete sich Komplexitätskosten in Bereichen, die vom Kunden nicht honoriert wurden (fünf Leistungsstufen mit 30 Konsolen anstelle der geforderten drei Leistungsstufen mit drei Konsolen), versäumte es aber, durch ein differenziertes Außendesign mehr Kunden anzusprechen und damit aus der Erscheinungsvielfalt Nutzen zu ziehen. Einmal erkannt, war der Mißstand relativ einfach zu beheben. Die Produktreihen wurden konsequent überarbeitet – wodurch sowohl ein signifikant höherer Marktanteil als auch eine deutliche Kostensenkung erreicht werden konnten.

Produkte und Kunden
Überlegt,was an wen

Die Produkt- und Kundenvielfalt in allen Einzelheiten zu kennen und mit Kosten und Nutzen beziffern zu können, ist eine Sache. Sie ist schwierig genug und durchaus wert, Aufgabe eines hochkarätigen Controlling zu sein. Eine andere Sache ist es, aus den Erkenntnissen die richtigen Konsequenzen abzuleiten und diese dann auch kompromißlos und ausdauernd umzusetzen. Auch diese Aufgabe muß Chefsache sein, wenn sich Erfolg einstellen soll. Und Erfolg heißt hier, wirklich alle Möglichkeiten des Umgangs mit der Komplexität zu nutzen – vom rigorosen Beschneiden der Produkt- und Kundenvielfalt hin zu einem bewußten Fördern der Vielfalt, um sie aktiv als Waffe im Wettbewerb einzusetzen.

Begrenzung der Produktvielfalt. Auffällig ist, daß die erfolgreichen Maschinenbauer einen gegebenen Umsatz mit einer deutlich geringeren Anzahl von Produkten erzielen als weniger erfolgreiche Unternehmen (Schaubild 4).

Welche Schlüsse muß man daraus ziehen? Was sind die Ansätze, mit denen die erfolgreichen Maschinenbauer es zu dieser meisterhaften Beschränkung bringen?

Zum einen sind die erfolgreichen Maschinenbauer *im Volumensegment wettbewerbsfähig* geblieben. Sie haben sich nicht in Nischen abdrängen lassen, sondern haben den Wettkampf mit ihren Konkurrenten auch auf der Kostenseite aufgenommen. Daß sie ihre schon relativ hohe Produktivität in den Jahren zwischen 1985 und 1989 noch einmal um ca. 20 Prozent steigern konnten, ist deutlicher Beweis dafür.

Zum anderen investieren die erfolgreichen Maschinenbauer deutlich mehr in *Verkauf und Service,* und dies nicht nur, um an dem attraktiven Servicegeschäft teilzuhaben. Ihr Ziel ist auch, die vom Markt – scheinbar – diktierte Komplexität des Angebots zu begrenzen. Und zwar im wesentlichen dadurch, daß der Kundenwunsch in

Erfolgreiche Maschinenbauer konzentrieren ihren Umsatz auf weniger Produkte

ABC-Analyse des Produktprogramms

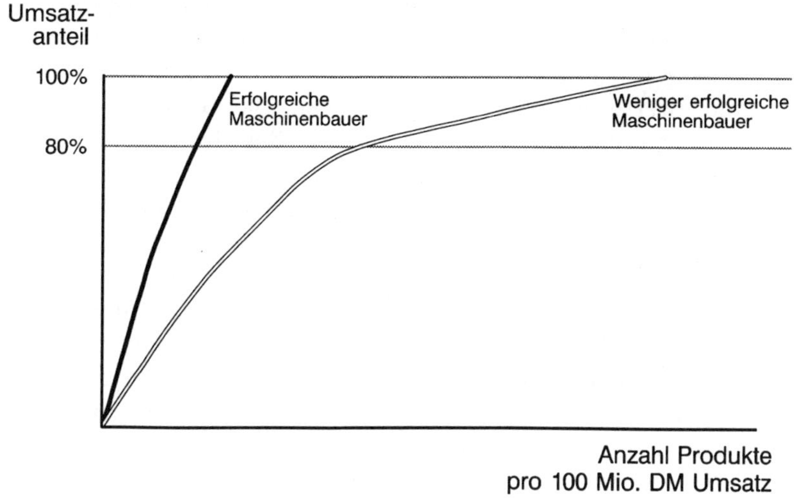

Schaubild 4

die angestrebte Richtung gelenkt wird, sei es durch gezielte Steuerung der Verkaufsmannschaft, durch frühzeitige Einschaltung in den Entscheidungsprozeß des Kunden oder durch Beeinflussung des Gesamtmarktes.

Dieser Verkaufs- und Service-betonte Ansatz kann gar nicht hoch genug bewertet werden! Seine drei Elemente werden heute jedoch noch weithin unterschätzt:

⇛ Ein ungesteuerter *Einsatz der Verkäufer* wirkt direkt komplexitätssteigernd. Die in den Verkaufshandbüchern dokumentierte technisch machbare Produktvielfalt überfordert fast alle Verkäufer. Hier hilft nur ein gezieltes Training, das die

Fertigkeit vermittelt, im Verkaufsgespräch das Interesse des Kunden – ohne Abstriche an seinen Bedürfnissen – auf das vom Unternehmen bevorzugte Kernsortiment zu lenken.
Keineswegs auf den Bereich des Maschinen- oder Komponentenbaus beschränkt, war dieses Vorgehen zum Beispiel auch bei einem Hersteller von Spezialstählen erfolgreich. Trotz eines Marktanteils von 50 Prozent gelang es ihm nicht, nennenswerte Skaleneffekte zu erzielen. Der Grund: durch Zusatzspezifikationen der Kunden war das Gesamtvolumen in über zehn Qualitätsuntergruppen aufgesplittert. Erschwerend kam hinzu, daß es für die Sonderwünsche der Kunden sehr vielfältige Begründungen gab. Während zum Teil einfach historisch gewachsene Sonderleistungen inzwischen als selbstverständlich betrachtet wurden, machten in anderen Fällen prozeßbedingte Einschränkungen besondere Produktmerkmale notwendig; und in wieder anderen Fällen wollte der eigene Kundenbetreuer des Herstellers durch Zusatzspezifikationen jedes Risiko ausschließen.
Eine durchgreifende Standardisierung muß diese Einwände individuell ausräumen. Schon um den Abnehmer nicht in Schwierigkeiten zu bringen, kann sie sich nur schrittweise und relativ langsam vollziehen. Und natürlich gilt es, den Kunden einen gewissen Anreiz dafür zu bieten, daß sie auf gewohnte Spezifikationen verzichten bzw. ihre Prozesse angleichen müssen. Im angesprochenen Fall wurde das ohne Preiszugeständnisse und Rabatte erreicht. Stattdessen konnte der Großteil der Kunden überzeugt werden, daß mit der Umstellung spürbare Vorteile in Form konstanter Qualität und kürzerer Lieferzeiten (Reduktion von zehn Wochen auf zwei Wochen) einhergingen.

⇛ Für Zulieferer der Automobilindustrie ist die *frühzeitige Einschaltung in den Entscheidungsprozeß* des Automobilherstellers der Haupthebel zur Begrenzung der Produktvielfalt. (Ähnlich wirksam ist nur noch die Konzentration auf A-Kunden). Die frühzeitige Einbeziehung gestattet es dem Lieferanten, im Rahmen der Entwicklungsziele des Herstellers nach Lösungen zu suchen, die auf die eigenen Prozesse, auf die internen Standards und Teilekataloge bestens abgestimmt sind.

⇛ Einem Unternehmen mit dominantem Marktanteil steht schließlich noch die Möglichkeit offen, über eine *Beeinflussung des Gesamtmarktes* sein Sortiment zu vereinfachen. Mit seinen Kernprodukten kann das Unternehmen Standards setzen, wenn es damit die Grundbedürfnisse der Kunden erfüllt und wenn es gleichzeitig für – vermeintlichen – Nutzen, der bei der Standardisierung entfällt, einen attraktiven Ausgleich bietet (überlegene Produkteigenschaften oder Service). Auf dem Gebiet des Maschinenbaus sind hierzu eine Reihe von Beispielen geläufig, und auch im Komponentenbau gibt es klangvolle Namen, die ganz entscheidend die Marktrichtung geprägt haben.

Begrenzung der Kundenvielfalt. Sie ist zum Beispiel für Zulieferer der Automobilindustrie der entscheidende Schritt zur ertragssteigernden Vereinfachung des Geschäftes. Alle erfolgreichen Automobilzulieferer aus der Langzeitstudie konzentrieren sich eindeutig auf die A-Kunden im hochvolumigen Segment, weniger erfolgreiche beliefern in hohem Umfang Randkunden (Schaubild 5).

Wie entscheidend diese Beschränkung auf die A-Kunden ist, wird deutlich anhand der ABC-Analyse von Produkten und Kunden. Nach Bedeutung für das Unternehmen wird dabei das gesamte Produktsortiment in drei Klassen aufgeteilt: A-Produkte, die als Kernsortiment ca. 80 Prozent von Umsatz und Ertrag einbringen, B-Produkte mit großer Zukunft und der Aussicht, einmal zu A-Produkten aufzusteigen, und schließlich C-Produkte, die von untergeordneter Bedeutung sind und wohl auch bleiben werden.

Die gleiche Klassifizierung für Kunden ergibt dann einen Überblick darüber, welche Kern- oder »A-Kunden« für das Unternehmen unverzichtbar sind, wo B-Kunden als künftige Hauptabsatzträger

Erfolgreiche Komponentenhersteller konzentrieren ihren Umsatz auf deutlich weniger Kunden

ABC-Analyse der Kunden

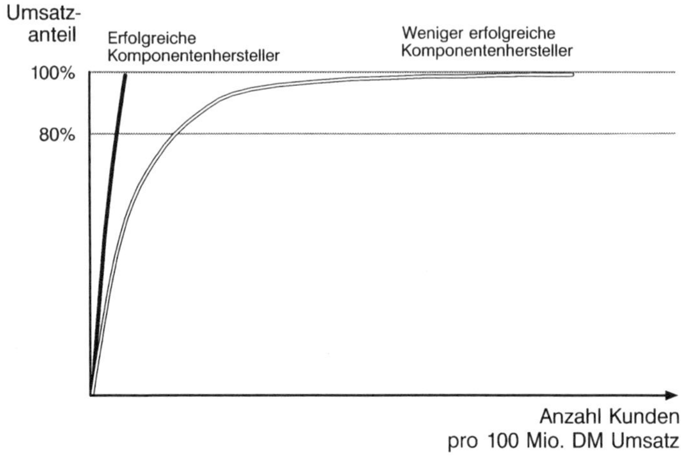

Schaubild 5

auszumachen sind und wieviele C-Kunden existieren, die für das Unternehmen auch in Zukunft keine Rolle spielen werden, zum Beispiel weil ihr Umsatzpotential zu gering ist.

In der Langzeitstudie der Maschinenbauer und Komponentenhersteller zeigt sich, daß erfolgreiche Unternehmen derartige ABC-Analysen deutlich häufiger durchführen als die weniger erfolgreichen. Die erfolgreichen Komponentenhersteller etwa haben aus einer Zusammenfügung beider Analysen gelernt, daß der überwiegende Anteil ihrer C-Produkte an C-Kunden ging (Schaubild 6). Und sie haben daraus Konsequenzen gezogen.

Sie haben erkannt, daß C-Kunden problematisch sind, weil selbst ihre »A-Bedarfe« für den Zulieferer bereits reine C-Produkte sind. Auch das Argument: «Einen C-Kunden kann man dann beliefern,

Kombinierte Sicht der Sortiments- und Kundenstruktur gibt Hinweise auf kostspielige Überkomplexität

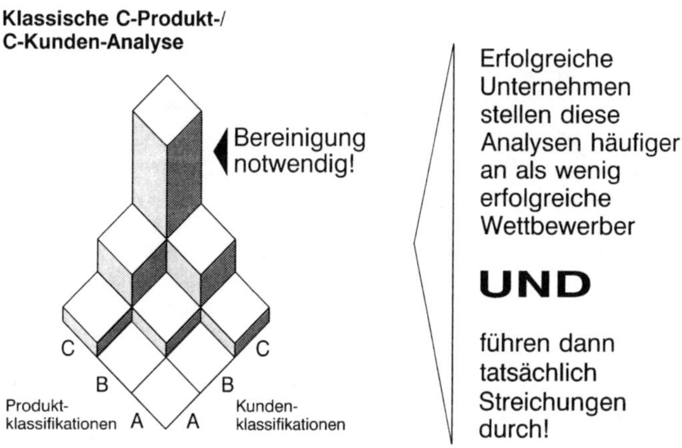

Schaubild 6

wenn er bereit ist, die höheren Kosten zu tragen«, verdient eine große Portion Skepsis. Denn die meisten Unternehmen sind bisher gar nicht in der Lage, die tatsächlichen Kosten, die ihnen durch die C-Kunden-Belieferung entstehen, vollständig zu erfassen. Anders sieht es aus, wenn es möglich ist, C-Kunden mit den Produkten zu versorgen, die für A-Kunden vorgehalten werden; auf diese Weise läßt sich die schädliche Komplexitätssteigerung in Verkauf, Controlling und Versand in Grenzen halten.

Quasi als kostenlosen Nebeneffekt erzielen die erfolgreichen Komponentenhersteller mit dieser Begrenzung der Kundenvielfalt auch ein wesentlich strafferes Produktsortiment, was sie ebenfalls im Vergleich zu ihren weniger erfolgreichen Wettbewerbern auszeichnet (Schaubild 7). Möglich wird das nicht durch eine Abmagerung des Angebots, mit der man Gefahr läuft, Zielkunden zu vergraulen, sondern durch die oben beschriebene Konzentration auf A-Kunden. Die A-Kunden werden mit den für sie wichtigen Produkten auch

Erfolgreiche Komponentenhersteller konzentrieren ihren Umsatz auf weniger Produkte

ABC-Analyse des Produktprogramms

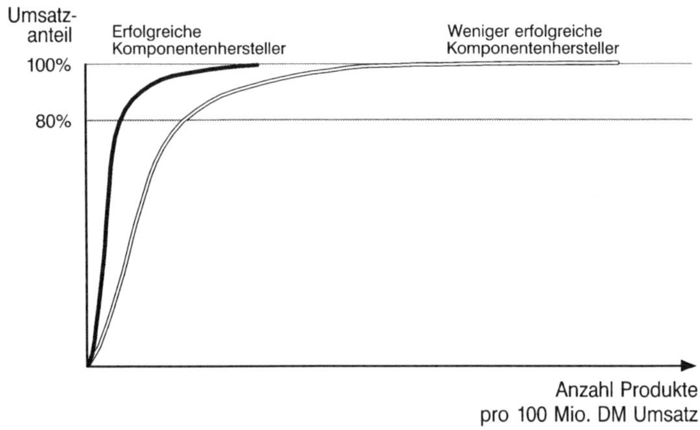

Schaubild 7

dann beliefert, wenn diese für den Zulieferer zum Teil eindeutig C-Produkte sind.

Nutzung der Vielfalt im Wettbewerb. Die Vielfalt sollte nicht generell verteufelt werden. Und nicht immer besteht Komplexitätsmanagement nur aus Begrenzung und Weglassen. In bestimmten Unternehmenssituationen, vielleicht auch in ganzen Branchen, kann gerade durch Komplexität mehr zu erreichen sein als durch rigoroses Zurückschneiden. Zum Beispiel immer dann, wenn durch Bedienung bestimmter Absatzkanäle, Absatzregionen oder Nachfragenischen lukrative Ertragspotentiale erschlossen werden können, die für ein standardisiertes Angebot verloren wären.

Es gibt Unternehmen, die durch das gezielte Beeinflussen von gesetzlichen Standards oder Abnahmevorschriften ihren *Heimat-*

markt gegen externe Wettbewerber abschotten. Natürlich ist das – bezogen auf das Ziel globaler Standardisierung – vielfaltsfördernd und wäre nach den obigen Ausführungen abzulehnen. Im Sinne des Unternehmens dagegen kann Vielfalt ein Schutzschild gegenüber der vielleicht übermächtigen externen Konkurrenz sein. Fraglich ist allerdings, wie lange eine solche Strategie mit Blick auf die zunehmende Liberalisierung durchhaltbar ist.

Es kann sinnvoll sein, bestimmte lukrative *Absatzkanäle* durch ein spezielles Produktsortiment vor Vergleichbarkeit zu schützen. Man denke hier z.B. an Elektroinstallationsmaterial, das einerseits im Groß- und Fachhandel oder bei Installateuren, andererseits in Baumärkten und Heimwerkerläden angeboten wird. Ein Einheitsangebot wäre in diesen beiden Absatzkanälen mit ihren grundverschiedenen Erfolgsfaktoren nicht durchsetzbar.

So hat der Baumarkt mit seiner limitierten Verkaufsfläche und weitgehend ohne Lagerhaltung außerhalb des Verkaufsbereiches kein Interesse an einem besonders differenzierten Sortiment. Er will ein schnell drehendes, straffes Angebot zu attraktiven Preisen an den Verbraucher bringen. Für den Hersteller des Installationsmaterials bedeutet dies geringe Sortimentsvielfalt, aber auch schlechte Preise – also Wettbewerbsfähigkeit als Niedrigkostenanbieter.

Der Vertrieb über Groß- und Fachhandel oder Installateur dagegen ist geprägt durch eine Vielzahl von Absatzmittlern. Schon die dabei anfallenden Margen bedingen höhere Preise für den Endverbraucher, die sich nur rechtfertigen lassen, wenn gegenüber den Baumarktprodukten eine klare Differenzierung erkennbar ist. Erreicht wird sie durch ein extrem erweitertes Sortiment oder sogar die völlige Trennung der Profi- und Baumarkt-Sortimente.

Auch die *Konzentration auf Spezialsegmente* kann in Einzelfällen vertretbar oder sogar wünschenswert sein. Dann nämlich, wenn Kunden – zum Beispiel im Spezialmaschinen- oder Werkzeugmaschinenbau – bereit sind, für Sonderanfertigungen einen Aufpreis zu zahlen, der den tatsächlichen Mehraufwand deutlich übersteigt.

Nischen, in denen sich diese Strategie langfristig auszahlt, sind allerdings nicht gerade häufig anzutreffen. Und auch die Langzeitstudie hat deutlich gezeigt, daß Nischenanbieter in der Regel geringere Renditen erzielen als starke Unternehmen im Volumensegment. Entsprechend geht die Nischen-Rechnung normalerweise nur auf, wenn die Nische in Ergänzung zum starken Volumengeschäft bedient wird.

Die meisten Nischenstrategien hingegen scheinen nicht das Produkt langfristiger strategischer Überlegungen zu sein. Eher sind sie aus der Erkenntnis des Herstellers entstanden, daß er im Volumensegment nicht mehr wettbewerbsfähig sein kann. Ein solcher Rückzug, selbst in lukrative Spezialbereiche, die kurzfristig eine Vollkostendeckung garantieren, birgt allzuoft die Gefahr, daß sich das Unternehmen in einer Spirale von Ausweichmanövern auf einen Tod auf Raten einläßt (Schaubild 8).

Überzogene Nischenpolitik setzt Teufelskreis aus Komplexität und Wettbewerbsnachteilen in Gang

Schaubild 8

Rest-Vielfalt – beherrschbar gemacht

Wenn man sich, entsprechend den bisherigen Überlegungen, auf eine Bestands-, Sortiments- und Kundenvielfalt eingestellt hat, mit der man im Markt antreten will, bleibt noch viel zu tun, um sich auf diese externe Komplexität intern einzustellen. Zum Beispiel kann die Frage, ob die Kosten/Nutzen-Rechnung aufgeht, sich danach entscheiden, in welchem Stadium der Fertigung die für nötig erachtete Produktvielfalt entsteht (»Freeze-point«), wo im Unternehmen (oder außerhalb) sie erzeugt wird.

Verschiebung des Freeze-point. Wenn Produkte am Markt unterschiedlich und kundenspezifisch in Erscheinung treten, heißt das keineswegs, daß über alle Fertigungsstufen hinweg kundenspezifische Lose erzeugt werden müssen. Das bewies zum Beispiel ein Telefonhersteller, der seinen Produktaufbau völlig änderte, um die Gehäuse- und Innenteilfertigungen zu trennen. Anschließend konnte er mit vollständig standardisiertem Innenleben seiner Apparate eine extreme Angebotsvielfalt erzeugen, die nur teilweise in seiner Fertigung zum Tragen kam.

Den Konfigurationspunkt oder Freeze-point, bis zu dem ein Produkt undifferenziert gefertigt werden kann, möglichst weit nach hinten zu verschieben, sollte Ziel jedes Komplexitätsmanagements sein. Die Vorteile liegen auf der Hand: Geringe Baugruppen- und Teilevielfalt auf den Vorstufen macht es möglich, über lange Strecken auf die berühmte »Losgröße 1« und die damit verbundene teure Automatisation zu verzichten, ohne dies über hohe Zwischenlagerkosten bezahlen zu müssen. Hinzu kommen als wesentliche Pluspunkte eine deutlich konstantere Qualität der Standardkomponenten und kürzere Reaktionszeiten bei Kundenaufträgen.

Merke: Falls Varianten unvermeidbar sind, sollte das Hauptaugenmerk darauf liegen, die Vielfalt erst gegen Ende des Produktionsprozesses entstehen zu lassen, um die Durchlaufzeiten in der Fertigung zu reduzieren und die Kosten niedrig zu halten (Schaubild 9).

Ein später Freeze-point erlaubt mehr Varianten bei geringeren Kosten

BEISPIEL: HAUSGERÄTE

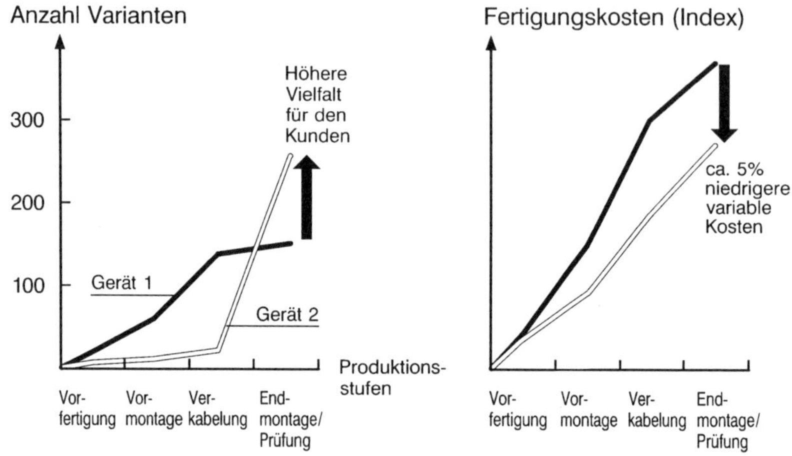

Schaubild 9

Als Sonderfall einer gezielten Freeze-point-Verschiebung ist die *Mehrmarkenstrategie* zu sehen. Will man, wie vorn angesprochen, für spezielle Absatzkanäle dedizierte Sortimente vorhalten, so heißt das ja noch nicht, daß man sie auch getrennt fertigen muß. Um die Marktanforderungen zu erfüllen, kann es ausreichen, lediglich – spät im Fertigungsprozeß – kaufentscheidende äußere Merkmale zu ändern.

Getrennte Fertigung. Natürlich kann auch ein noch so geschickt gelegter Freeze-point nicht verhindern, daß bestimmte Teile bzw. Baugruppen in kleineren oder Kleinstlosen gefertigt werden müssen. Schließlich wird es immer Sonder- und Ersatzteilfertigungen geben, und in praktisch allen Unternehmen werden sie zur notwendigen Sortimentsvielfalt gehören. Die eigentliche Gefahr liegt darin, einer Synergien-Illusion zu erliegen – der Vorstellung, die Klein- und Sonderfertigungen könnten bei der Serienproduktion »mitlaufen« und kämen in der Tat wie gerufen, um Auslastungslücken zu füllen.

Es ist ein naheliegender Trugschluß, wie auch ein Gebrauchsgüterhersteller erfahren mußte, dessen Transferstraße zur Produktion von Gehäuseteilen nicht ganz ausgelastet war. Man entschloß sich, auf derselben Transferstraße neben den bisherigen drei Serienprodukten auch einige Sonderprodukte und Ersatzteile zu fertigen. Für diesen Fertigungsmix würden zwar Umrüstvorgänge notwendig sein, aber – so die Argumente der Kostenrechnung – dieser Aufwand würde mehr als aufgewogen durch die bessere Auslastung und durch die Einsparung von Investitionen in eine zusätzliche, separate Fertigungsanlage.

Erst als später gravierende Ertragsprobleme auftraten, wurde ein intensiver Wettbewerbsvergleich angestellt: Die Herstellkosten lagen weit über dem Niveau der Konkurrenz. Und: Im Gegensatz zu den führenden Wettbewerbern waren bei den Serienprodukten in den fünf Jahren seit Zusammenlegen der Fertigungen keinerlei Rationalisierungserfolge aufzuweisen. Man hatte sich darauf beschränkt, die Umrüstzeiten zu minimieren, anstatt alle Optimierungsmöglichkeiten bei der Serienfertigung auszuschöpfen. Offenbar war man auf der Lernkurve an einer Stelle stehengeblieben, die noch weit vom Optimum entfernt war.

Wie richtig diese Vermutung war, bestätigte sich nach nochmaliger Umkehrung der Fertigungsstrategie. An der Transferstraße, nun wieder ausschließlich auf die drei Serien-Gehäuse spezialisiert, konnten Rationalisierungserfolge erzielt werden, weiterhin konnten Funktionen wie Fertigungsplanung, Fertigungssteuerung und Materialbereitstellung stark vereinfacht und das Controlling-Instrument wesentlich erfolgreicher eingesetzt werden.

Die Kleinserien der Sonderprodukte und Ersatzteile, die bislang für etwa fünf Prozent Auslastung der Transferstraße gesorgt hatten, wurden in eine Werkstattfertigung verlagert. Dort war die reine Fertigungszeit pro Teil zwar erheblich länger als an der Transferstraße, doch dafür vereinfachten sich die fertigungsvorbereitenden Maßnahmen wie Arbeitsplanerstellung und Arbeitsplanung, da sie von einem Meister vor Ort völlig unbürokratisch erledigt werden konnten.

Insgesamt lagen die Zusatzkosten für die Werkstattfertigung weit unter dem, was bei den Serienprodukten auf der Transferstraße durch Lernkurveneffekte eingespart wurde. Und schließlich war durch die separate Fertigung der Sonder- und Ersatzteile ein wesentlich genaueres Kosten-Controlling möglich, das aussagefähige Orientierungsdaten für die Preisgestaltung dieser Produkte liefern konnte.

Diese individuelle Erfahrung bestätigte sich voll im Langzeitvergleich der Maschinen- und Komponentenhersteller: Die besonders erfolgreichen Unternehmen trennen ihre Fertigungen wesentlich konsequenter als die weniger erfolgreichen Wettbewerber. Sie begründen das damit, daß sie für die Produkte mit großen Stückzahlen eine einfache, noch überschaubare und damit jederzeit optimierbare Fertigung brauchen. Die komplexeren Sonderfertigungen können sie nach ihrer Erfahrung einfacher handhaben, wenn sie diese Aufgaben auf Meisterebene dezentralisieren. Dafür verzichten sie bewußt darauf, durch Nutzung gleicher Aggregate für Renner- und Sonderprodukte Synergien zu suchen. Sie optimieren die Personalproduktivität und nehmen dafür Abstriche in der Anlagennutzung in Kauf.

Auslagerung der Kundenvielfalt. Bleibt die Frage, ob es Mechanismen wie die Freeze-point-Verschiebung bei der Produktvielfalt auch zur Beherrschung einer übergroßen Kundenvielfalt gibt. Durchaus: Hier erlangen Absatzmittler ihre Bedeutung, die Vertrieb und Verteilung von standardisierten Produkten übernehmen. Entweder ohne weitere Modifizierung – oder mit begrenzter kundenspezifischer Anpassung – schirmen Handelsorganisationen auf diesem Wege Hersteller vom komplexitätstreibenden Faktor Kundenvielfalt ab.

Daß dies nicht nur bei Konsumgütern und Klein-Commodities möglich ist, beweisen japanische Automobilhersteller, die in ihren amerikanischen Transplants Losgrößen von 50 bis 60 völlig gleichen Fahrzeugen anstreben. Diese geben sie in »Standardausführung« an ihre Verkaufsorganisationen weiter, wo dann die »Individualisierung«, z.B. durch besondere Felgen oder spezielle Autoradios stattfindet.

Fazit

Das Erfolgsprinzip Einfachheit und Umsetzungsstärke tritt nirgendwo deutlicher hervor als im Management der Sortiments- und Kundenvielfalt. Entsprechend hoch kann das Verbesserungspotential sein, das Unternehmen durch Bereinigen ihrer Sortimente und Kundenstrukturen erschließen. Es äußert sich als Kostensenkung, Zeitgewinn und Qualitätssteigerung, und es speist sich aus vielen Quellen, die von Unternehmen zu Unternehmen unterschiedlich reich sprudeln. So kann allein die Straffung des Sortiments auf Kernprodukte eine Kostenstruktur hervorbringen, die nicht nur die Rendite kräftig steigert, sondern auch deutlich stärkeres Wachstum ermöglicht. Je nach Position auf der Lernkurve – und in der Regel herrscht hier noch viel Nachholbedarf – kann zudem die anforderungsgerechte Trennung von Fertigungslinien die Fertigungskosten um zweistellige Prozentsätze senken. Und weitere 20 Prozent Ergebnisverbesserung sind im Normalfall durch Verschiebung des Freeze-point zu erzielen.

Die Erfordernisse sind weithin verstanden. Was die schwächeren Unternehmen im Vergleich zu den Spitzenreitern zurückwirft, ist mangelnde Konsequenz – in der strategischen Konzentration, im

Schnittstellenmanagement und in der Optimierung der internen Abläufe:

⇛ *Strategische Konzentration* hat den Erfolgreichen eine starke Position im Volumensegment gesichert. Sie streichen doppelt so viele Produkte aus dem Sortiment wie die weniger erfolgreichen Wettbewerber – obwohl auch diese meist eine Bereinigung der Teilevielfalt als wichtig bezeichnen. Randkunden streichen sie aus der Kundenliste, während die weniger Erfolgreichen Gründe finden, warum eine Belieferung unter strategischen Gesichtspunkten sinnvoll ist.

⇛ *Schnittstellen* optimieren die besten Unternehmen zum Beispiel durch frühzeitige Einschaltung der Lieferanten in den Entscheidungsprozeß, Auslagerung von Aufgaben an Absatzmittler und Verzicht auf Differenzierung über möglichst viele Stufen im Fertigungsprozeß (später Freeze-point).

⇛ Was optimierte *Abläufe* bewirken können, demonstrieren die erfolgreichen Unternehmen zum Beispiel mit der Trennung der Fertigungslinien für großvolumige Produkte und Exotenlinien oder Ersatzteile. Sie maximieren die Personalproduktivität, weil die operative Verantwortung für Sonderfertigungen dezentral auf Meisterebene angesiedelt ist. Weniger Erfolgreiche scheuen die Kosten der separaten Fertigung und suchen Synergien durch zusätzliche Auslastung von Kapazitäten in der Serienfertigung.

Innerhalb des Unternehmens dauert die Umstellung auf einfachere Sortiments- und Kundenstrukturen in der Regel bis zur Einführung einer neuen Produktgeneration. Am Markt kann der Prozeß erfahrungsgemäß bis zu fünf Jahre dauern, abhängig vor allem davon, wieviel Einfluß der Hersteller auf die Investitionsentscheidungen der Kunden nehmen kann.

II. Leistungstiefe: Ausbau eigener Stärken, Integration der Hauptlieferanten

Optimierung der Kostenstruktur oder Vernichtung von Arbeitsplätzen, Verlust von Know-how oder Variabilisierung von Fixkosten, Gewinn von Flexibilität oder Sturz in die Abhängigkeit – wenn es um die richtige Fertigungstiefe geht, die Frage, ob Produkte, Teile oder Leistungen im eigenen Hause erstellt oder extern bezogen werden sollten, gerät die Diskussion leicht zum Austausch von Glaubensbekenntnissen.

Verwunderlich ist das nicht. Denn zum einen spielen gerade in die »Make-or-buy«-Frage an jeder Ecke sachfremde Elemente hinein, sei es die Vorstellung, sich mit dem Vorpreschen in eine spektakuläre High-Tech-Investition ein Denkmal zu setzen, sei es falsch verstandene Verantwortung gegenüber der Mannschaft im eigenen Bereich. Zum anderen sind objektive Kriterien für eine rationale Entscheidung nicht per Knopfdruck abrufbar, und noch weniger ist es deren Anwendung auf die doch jedesmal besondere eigene Situation.

Trotzdem lassen sich die Überlegungen objektivieren – das ist die gute Nachricht. Die schlechtere ist, daß diese Überlegungen weiter und tiefer reichen müssen, als üblicherweise angenommen oder als bequem empfunden. Denn eine Veränderung der Fertigungstiefe, wenn sie sinnvoll sein soll, muß die gesamte Wertschöpfungskette des Unternehmens leistungsfähiger machen, nicht nur einzelne Bearbeitungsgänge oder -verfahren auslagern oder neu aufnehmen. Die Rede sollte daher auch eher von »Leistungs-« als »Fertigungs«-tiefe sein.

Ob nun große oder eher geringe Leistungstiefe von Vorteil im Wettbewerb ist, das läßt auch ein kursorischer Blick über die herrschende Praxis in verschiedenen Industrien nur in Umrissen erkennen. So ergab die Langzeitstudie bei Komponentenherstellern, daß die Erfolgreichen durchweg mehr intern fertigen als die weniger Erfolgreichen, aber große Leistungstiefe ging keineswegs immer mit überragendem Erfolg einher. Im Maschinenbau finden sich unter den besten Unternehmen sowohl solche mit großer als auch mit geringer Leistungstiefe. Automobilhersteller sind in der Regel hoch integriert, tendieren aber inzwischen dazu, die Leistungstiefe zu reduzieren; und im Anlagenbau schließlich zeichnen sich die Erfolgreichsten durch besonders geringe Leistungstiefe aus.

Die Frage nach dem optimalen Leistungstiefenniveau muß offensichtlich jedes Unternehmen individuell beantworten. Grundsätzlich ist die Leistungstiefe ein Verstärkungsfaktor für die technologische und operative Leistungsfähigkeit. Wenn ein Unternehmen seinen Wettbewerbern und Zulieferern technologisch oder operativ überlegen ist, gibt ihm große Leistungstiefe einen Wettbewerbsvorteil. Ist es jedoch schwächer, entsteht aus derselben Leistungstiefe ein Nachteil.

Operative oder technologische Schwächen durch Fremdbezug auszugleichen, ist allerdings nur dann eine Lösung, wenn die ausgelagerten Wertschöpfungselemente nicht das entscheidende Differenzierungsmerkmal am Markt sind. Ein Komponentenhersteller etwa kann sich nur selten strategisch durch eine überlegene Produktkonzeption differenzieren, eher ist ihm das über operative Spitzenleistung möglich, über größere Skalenvorteile, einen überlegenen Prozeß und eine überlegene Logistikfunktion. Unternehmen, die merken, daß sie mit ihren Kosten nicht standhalten können und allein deshalb zunehmend Fertigungsvolumen nach draußen verlagern, müssen damit rechnen, daß sie entweder von Wettbewerbern überholt werden, die diese Wertschöpfung effizienter erbringen als sie, oder aber sie müssen zusehen, wie ihre Zulieferer an ihnen vorbei direkt in den Markt drängen. Dementsprechend haben auch die erfolgreichen Komponentenhersteller eher eine hohe Fertigungstiefe als die weniger erfolgreichen.

Im Maschinenbau gelingt es noch vielen Unternehmen, sich durch eine überlegene Systemarchitektur oder -konzeption hinreichend am Markt zu differenzieren, ohne besondere operative Stärken zu besitzen. Sie können ihre operativen Schwächen heute noch durch Fremdvergabe kompensieren. Die erfolgreichen Maschinenbauer zeichnen sich dadurch aus, daß sie dies besonders gut einzuschätzen wissen: Sie streben eine hohe Fertigungstiefe an, wenn sie operativ stark sind, und setzen eher auf eine geringe Fertigungstiefe, wenn ihre Stärke mehr im Maschinenkonzept liegt. Ob und wie lange dieses Prinzip in Zukunft haltbar sein wird, bleibt offen, denn viele Maschinen werden im Verlauf ihres Lebenszyklus zunehmend zu Massenprodukten, so daß eine Differenzierung nur noch über günstige Kosten als Folge operativer Effizienz möglich ist. Spätestens dann muß auch der Maschinenbauer in der Lage sein, Skaleneffekte zu nutzen und sich durch überlegenes operatives Management vom Wettbewerb zu unterscheiden, wie Beispiele aus der jüngsten Vergangenheit zeigen.

Wo, wie besonders in der Automobilindustrie, die Optimierung der Leistungstiefe noch überlagert wird durch einen signifikanten Personalabbau aufgrund allgemeiner Produktivitätssteigerung um meist 30 bis 40 Prozent, gehen zudem sozialpolitische Erwägungen in die Diskussion ein. Hier eine befriedigende Antwort zu finden ist schwer. Eine Vogel-Strauß-Politik ist aber mit Sicherheit existenzgefährdend in Anbetracht der zunehmenden Aktivitäten japanischer Anbieter in europäischen Märkten. Kreative Lösungen sind gefragt, z.B. die Verselbständigung von Komponentenwerken als unabhängige Gesellschaften mit eigenen Entwicklungsabteilungen (Profit-Center) oder die Übernahme vollständiger Fertigungsstufen durch Zulieferer.

So wenig reduzierte Leistungstiefe das stets wirksame Patentrezept bei schlechter operativer Effizienz sein kann, so wenig realistisch ist die naive Zielsetzung, überall operativ überlegen zu sein. Denn die negativen Folgen für Skaleneffekte und/oder Personalkosten kann selbst exzellentes operatives Management nicht kompensieren.

Die erfolgreichsten Unternehmen haben im Gewirr des Für und Wider um »Make-or-Buy« für sich eine klare Linie gefunden, die dem Primat der Einfachheit treu bleibt:

⇛ Die *Grundsatzentscheidung über die Leistungstiefe* treffen sie unter dem Gesichtspunkt der technologischen Differenzierung und Kostenoptimierung.

⇛ Steht danach fest, welche Leistungen nach außen vergeben werden sollen, verhelfen sie der *Zusammenarbeit mit den Lieferanten* zu einem guten Start durch eine klar definierte Systemgrenze und vertrauensbildende Signale, insbesondere die Beschränkung der Anzahl Zulieferer.

⇛ Und schließlich üben sie in der gesamten Organisation die *neuen Verhaltensweisen* ein, die Kooperation und Veränderung erst ermöglichen – und die letztlich die Optimierung der Leistungstiefe in der täglichen Praxis zum Erfolg führen oder zu Fall bringen.

Grundsatzentscheidung: Profil zu vertretbaren Kosten

Hersteller in Ländern wie den USA, die phasenweise glaubten, sich allein durch Systemkonzeption und Packaging am Markt differenzieren zu können, und wichtige Teile der Wertschöpfung in Lowcost-Länder verlagert haben, müssen heute feststellen, daß sie weite Teile ihrer industriellen Basis verloren haben. Länder, die sie lange Zeit nur als billige Beschaffungsmärkte angesehen haben, sind mittlerweile an ihnen vorbeigezogen. Es ist die makroökonomische Bestätigung dafür, wie sehr die Leistungstiefe als Verstärkungsfaktor der technologisch-operativen Leistungsfähigkeit wirkt. Entsprechend basiert der derzeitige Wiederanstieg der US-Wirtschaft in einzelnen Branchen sehr stark auf einer wiedergewonnenen Produktivität im Fertigungsbereich, verbunden mit eigener Wertschöpfung. Vielfach sind mittlerweile die Amerikaner hier sogar deutlich besser als ihre deutschen Wettbewerber, denen der japanische Wettbewerb in voller Härte oft erst noch bevorsteht.

Erfolgreiche Unternehmen beugen dem Verlust der technologisch/ operativen Leistungsfähigkeit mit einfachen Grundsatzentscheidungen vor. Sie legen zunächst einmal fest, welche Teile der Wertschöpfung im Haus verbleiben müssen, weil sie für die technologische Differenzierung am Markt notwendig sind und auch wirtschaftlich gefertigt werden können (Schaubild 1). Darauf aufbauend, wird dann vorurteilsfrei geprüft, welche Vor- und Nachteile im Vergleich zu leistungsfähigen Lieferanten bei den Kosten bestehen. Dabei werden die Kosten gesamtheitlich betrachtet, also einschließlich Faktorkosten, Skalenvorteilen und Produktivität, vor allem aber auch Einsparpotentialen durch fertigungsgerechte Konstruktion (»Design-to-cost«).

Erfolgreiche Unternehmen entscheiden über Eigen- oder Fremdfertigung primär nach technologischer Differenzierung

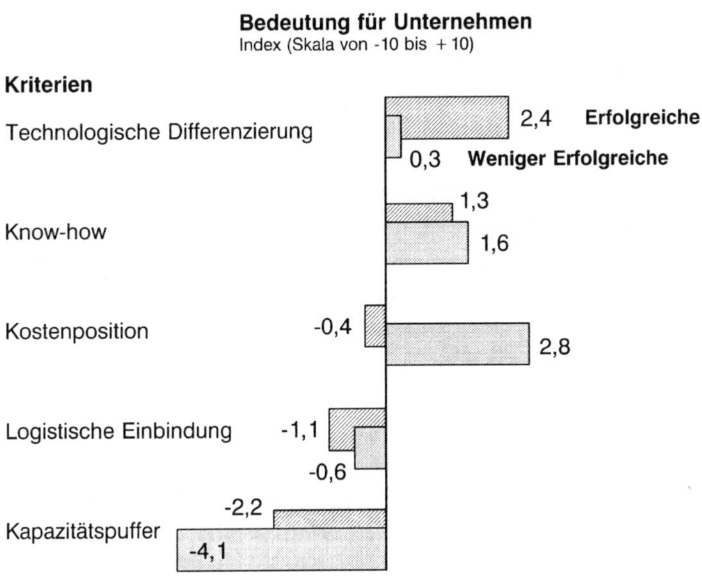

Schaubild 1

Technologische Differenzierung: Die beste Sicherung der Wettbewerbsfähigkeit ist eine technologische Differenzierung, die klare Vorteile im Kundennutzen bringt. Dementsprechend muß diese Diskussion im Vordergrund stehen; dabei sind neue Chancen zur technologischen Differenzierung ebenso zu prüfen wie die Frage, ob Leistungen, die in der Vergangenheit einen technologischen Vorsprung sicherten, heute noch die gleiche Rolle spielen.

Ein positives Beispiel für technologische Differenzierung durch größere Leistungstiefe ist die Aufnahme der Laserentwicklung und -fertigung durch den Werkzeugmaschinenbauer Trumpf Anfang der 80er Jahre.

Trumpf erkannte sehr früh das Potential des Laserschneidens, zu einem Zeitpunkt, als die industrielle Nutzung des Lasers für Bearbeitungsaufgaben noch nicht verbreitet war. Während Trumpf sich bei der Steuerungselektronik dafür entschieden hatte, Hardware und Basis-Software von außen zu beziehen und durch enge Kooperationen mit etablierten Steuerungsherstellern ein für Trumpf optimiertes System zu erzielen, erkannte man bei der Lasertechnik, daß die Situation anders war. Hier waren noch keine dominanten Hersteller vergleichbarer Laser auf dem Markt vertreten, und es war offensichtlich, daß die Laserschneidanwendungen für Bleche – der Stammarkt von Trumpf – auf absehbare Zeit der Hauptmarkt für diese Art von Lasern bleiben würden. Somit konnte sich Trumpf durch den Einstieg in die Lasertechnik einen erheblichen Vorsprung gegenüber seinen Wettbewerbern sichern. Darüber hinaus war man weitsichtig genug, das Lasergeschäft auch als Komponentengeschäft zu betreiben, um die Skaleneffekte nicht den Spezialisten zu überlassen.

Bei solchen Überlegungen zur technologischen Differenzierung ist allerdings Vorsicht geboten. Das Unternehmen muß sich fragen, ob der technologische Vorteil nachhaltig erzielbar oder nur vorübergehend haltbar ist. Ob im Einzelfall die Eigenentwicklung und -fertigung wichtig oder notwendig ist, um sich technologisch vom Wettbewerb zu differenzieren, läßt sich anhand von zwei Schlüsselfragen eingrenzen:

1. *Bestimmt das Teilsystem bzw. die Komponente maßgeblich die Gesamtarchitektur und Leistungsfähigkeit des Produktes?* Wenn ja, ist es für das Unternehmen eine Überlebensfrage, sein Know-how und seine Strukturen so zu gestalten, daß es Entwicklung und Produktion des Teilsystems wettbewerbsfähig betreiben kann. Diese Teilsysteme, oft als »Herzstück« oder »Kernkomponenten« bezeichnet, sind »Muß-Fertigungen« bzw. »Muß-Entwicklungen«. Andere wichtige Teilsysteme müssen nicht unbedingt selbst gefertigt werden, doch ist es kritisch, das Know-how im Entwicklungsbereich zu erhalten. Hier muß der Hersteller bei Zulieferung das Design des Zulieferers mitgestalten können, ohne jedoch durch Überspezifizierung die Zulieferervorteile zunichte zu machen.

2. *Zeichnet sich für das Teilsystem die Möglichkeit einer technologischen Innovation ab, die Wettbewerbsvorteile verspricht?* Eigenentwicklung/Eigenfertigung kommt nur dann in Frage, wenn Kosten- und Technologievorteile nachhaltig verteidigt werden können, wie das beim Laserbeispiel der Fall war. Im Normalfall bedeutet diese Entscheidung den Aufbau eines getrennten Geschäftes oder Profit-Centers, das auch am Markt – von unmittelbaren Wettbewerbsrestriktionen einmal abgesehen – frei agiert und seine Teilsysteme vermarktet. Dieses Modell ist erfolgreich, wenn die finanziellen Mittel und Management-Ressourcen für den Aufbau eines schlagkräftigen parallelen Geschäftes zur Verfügung stehen – und wenn sichergestellt ist, daß man auch noch hinreichende Skaleneffekte erzielen kann, falls Wettbewerber Kooperationen mit Dritten eingehen. Häufig ergeben Überlegungen dieser Art jedoch, daß die enge Kooperation mit einem qualifizierten Zulieferer der bessere Weg ist.

Generell muß darauf geachtet werden, daß der Blick auf die technologische Differenzierung nicht in die Irre führt: Differenzierungsvorteile dürfen nicht mit extremen Mehrkosten erkauft werden, die den Kundennutzen insgesamt negativ beeinflussen. So versuchten viele Maschinenbauer bei der Einführung numerischer Steuerungen, ihre eigene Steuerungselektronik herzustellen, mußten jedoch feststellen, daß sie bei zunehmendem Grundentwicklungsaufwand für die Steuerung und wachsender Bedeutung von Skalenvorteilen in der Steuerungs-Hardware nicht wettbewerbsfähig produzieren konnten. Die eigene Steuerungsentwicklung brachte keinen Technologievorsprung, sondern einen dramatischen Wettbewerbsnachteil gegenüber Anbietern, die mit Standard-Hardware und Standard-Software arbeiteten und lediglich ihre Anpassungen hinzufügten.

Optimierung der Gesamtkosten. Steht also fest, ob aus Gründen technologischer Differenzierung eine bestimmte Wertschöpfungsstufe »eigen« oder »fremd« hergestellt werden soll, rückt die Frage der Kosten in den Vordergrund. In der Praxis bedeutet das häufig nichts weiter als einen Vergleich der eingeholten Angebotspreise mit den eigenen Grenzkosten.

Dieser Vergleich erscheint zwar bei einer kurzfristigen Betrachtung durchaus sinnvoll, ist aber für eine grundlegende Optimierung der Wertschöpfungskette völlig ungeeignet. Die Preisangebote, die man am Markt einholt, können Lockvogelangebote sein, mit denen der Zulieferer versucht, ins Geschäft zu kommen, in der Hoffnung, daß er, nachdem der Kunde seine Fertigungstiefe abgebaut hat, das Preisniveau selbst bestimmen kann. In anderen Fällen sind die angebotenen Preise zu hoch, weil die Zulieferer nur auf Basis bestehender Zeichnungen kalkuliert haben, ohne Optimierungspotentiale zu berücksichtigen. Gleichzeitig versuchen sie oft, die notwendigen spezifischen Anlagen und Maschinen auf einen sehr kurzen Zeitraum abzuschreiben, da sie sich nicht langfristig auf unverbindlich besprochene Abnahmevolumina verlassen wollen.

Hinzu kommt, daß auch die Vergleichszahl »interne Grenzkosten« ungeeignet ist. Wenn eine Entscheidung über die Fertigungstiefe aus strategischen Erwägungen und somit unter langfristigen Gesichtspunkten gefällt wird, ist eine Ausrichtung an den Vollkosten der Fertigung viel sinnvoller. Aber auch dieser Betrachtungshorizont ist eigentlich noch zu kurz – eingerechnet werden muß zum Beispiel auch der Aufwand für Entwicklungs- und Fertigungsvorbereitung.

Gegenwind erhalten die Kostenoptimierer gelegentlich in Form einer vermeintlich strategischen Diskussion. Das Argument: Man möchte durch verstärkten Fremdbezug die Gewinnschwelle senken und ist dafür sogar bereit, eine gewisse »Versicherungsprämie« zu zahlen. Diese Betrachtungsweise ist aber nur dann zulässig, wenn der Zulieferer nicht auf stetige Auslastung durch den Partner angewiesen ist, sondern eine reale Chance hat, ein »Auftragsloch« durch die Nachfrage eines anderen Abnehmers zu füllen. Diese Möglichkeiten, die schon in der Vergangenheit meist sehr begrenzt waren, nehmen aber mit dem Trend zum »Single sourcing« weiter ab, da in der engen Hersteller/Lieferanten-Bindung der einzelne Abnehmer zwangsläufig an Gewicht gewinnt.

Die reine Verlagerung des »Risikos« auf den Zulieferer – im Extremfall durch Vergabe von Nachfragespitzen, aber Beibehaltung einer stets ausgelasteten Eigenfertigung – kann nicht zielführend sein: Sie gefährdet das vertrauensvolle Verhältnis zwischen Hersteller und Zulieferer und verhindert, daß andere – weit größere – Potentiale wie etwa Design-to-cost-Möglichkeiten genutzt werden können.

Statt in einen Dogmenstreit abzugleiten, wie er bei den oben angesprochenen Betrachtungsweisen fast unumgänglich ist, sollte es darum gehen, die fundamentalen Kostenunterschiede gegenüber dem Zulieferer zu verstehen: die Faktorkosten, die Skalenvorteile, die Produktivitäten und die Design-to-cost-Potentiale. Bei einer solchen Betrachtung sind die Ergebnisse meist so eindeutig, daß für dogmatische Extrempositionen kein Raum bleibt.

Die *Faktorkostenvorteile* des Zulieferers, ganz besonders die Vorteile bei den Personalkosten, können erheblich sein, und sie sind kaum durch andere Vorteile der Eigenfertigung kompensierbar. In der

Automobilindustrie zum Beispiel liegen die Personalkosten beim Zulieferer in der Regel 30 bis 40 Prozent niedriger als beim Hersteller.

Eine oberflächliche Analyse zeigt hier zwar häufig nur Personalkostenvorteile, gerechnet in Jahresarbeitskosten pro Mitarbeiter, von 10 bis 20 Prozent. Das mag für den einzelnen Werker durchaus eine relevante Meßzahl sein, für das Unternehmen ist jedoch die Betrachtung erst dann sinnvoll, wenn die Jahresarbeitskosten einschließlich Nebenkosten durch die Zahl der geleisteten Arbeitsstunden dividiert werden, so daß sich die Nettoarbeitskosten pro Arbeitsstunde ergeben. Da die geleisteten Arbeitsstunden bei den Zulieferern häufig ca. 1.500 bis 1.600 Stunden pro Jahr betragen, gegenüber nur 1.100 bis 1.300 Stunden pro Jahr bei den Automobilherstellern, ergeben sich meist weitere Kostenvorteile von ca. 20 bis 30 Prozent für den Zulieferer. Zusammen mit den geringeren Jahresarbeitskosten pro Mitarbeiter, errechnet sich der Personalkostenvorteil pro Stunde von 30 bis 40 Prozent.

Bei solchen Personalkostenvorteilen scheint für viele Hersteller die Diskussion über die Leistungstiefen bereits eindeutig entschieden. Dies ist jedoch keineswegs gerechtfertigt. Eine vorschnelle Vergabe von Teilen und Systemen an Zulieferer – in Niedriglohnländern zum Teil sogar mit noch deutlich höheren Personalkostenvorteilen – kann schnell zu erheblichen Kostennachteilen führen. Dann nämlich, wenn die Fähigkeiten der Zulieferer, sei es in Entwicklung, Liefertreue oder Qualität, nicht ausreichen.

Das erklärt wohl auch die bisher eher geringe Verbreitung eines erfolgreichen »global sourcing«. Wenn die Faktorkostenvorteile des Zulieferers wirklich zum Tragen kommen sollen, muß der Hersteller zum einen die technische Schnittstelle so klar definieren, daß minimaler Abstimmungsbedarf verbleibt. Zum anderen muß er sich aktiv engagieren, um die Know-how-Lücken der Zulieferer zu schließen. Dieser Weg bietet sich zur Zeit bei einigen ehemaligen Ostblockstaaten an, die bereits erste Fortschritte auf dem Weg zur

Marktwirtschaft gemacht haben, zum Beispiel die CSFR oder Ungarn und zum Teil auch Polen.

Ein solcher Ansatz kann jedoch nur dann erfolgreich sein, wenn der Hersteller selbst Mittel und Managementkapazitäten zur Verfügung stellt, um das Entwicklungs- und Produktions-Know-how auf westlichen Standard zu bringen, oder wenn er einen seiner traditionellen westlichen Zulieferer durch ein Joint-venture oder eine langfristige Abnahmegarantie dazu bewegt, diese »Entwicklungshilfe« zu leisten.

Dabei dürfen allerdings die niedrigen Personalkosten nicht über die Risiken hinwegtäuschen: Die meisten Entwicklungsabteilungen in diesen Ländern sind trotz guter technischer Basis vom Weltstandard weit entfernt. Die Produktionen sind vielfach veraltet und werden am besten durch Grüne-Wiese-Lösungen ersetzt. Dazu kommen noch die Transportprobleme (JIT), politische Risiken sowie in den kommenden Jahren Lohnkostensteigerungen.

Die *Skalenvorteile* des Zulieferers sind in vielen Fällen ähnlich groß wie die Unterschiede in den Faktorkosten, denn häufig kann er deutlich höhere Stückzahlen erreichen als der Hersteller. Skalenvorteile können aber auch in den Materialkosten liegen, wenn – oft nicht erkannt – die Bezugskosten der verschiedenen Komponenten zusammen für den Hersteller höher sind als die Kosten eines komplett fremdbezogenen Systems. Ein Hersteller muß davon ausgehen, daß der Systemlieferant durch hohe Abnahme der Einzelkomponenten wesentlich günstigere Rabattstaffeln erhält.

In der *Produktivität* liegen Hersteller, auch unabhängig von Skaleneffekten, gegenüber Zulieferern oft deutlich zurück. Um über den direkten Fertigungsbereich hinaus die Gesamtproduktivität eines Werkes zu erkennen, in dem bis 50 Prozent der Mitarbeiter im indirekten Bereich tätig sind, muß auch eine Meßzahl, die diesen Bereich einschließt, gebildet werden: Hierfür eignen sich globale Kennzahlen wie die Anzahl Gesamtstunden, d.h. direkte und indirekte Stunden, pro Produkt, oder – als Indikator der »Schlankheit«

einer Fertigungsorganisation – die Anzahl produktiver Stunden, dividiert durch die Anzahl aller Mitarbeiter im Werk.

Nicht selten schneidet auch bei dieser Rechnung der Zulieferer um 20 bis 30 Prozent besser ab. Die Ursache ist trivial: Zulieferbetriebe, die stark durch Überschaubarkeit, Eigentümerkultur und Unternehmertum geprägt sind, agieren häufig mit deutlich effizienteren Strukturen und sind produktiver als größere Unternehmen.

Aus reinen Produktivitätsnachteilen, die nicht auf Faktorkosten oder Skalennachteile zurückzuführen sind, sollte ein Unternehmen jedoch keine voreiligen Schlüsse ziehen. Die Sicherung einer angemessenen Produktivität ist eine Managementaufgabe, der sich das Unternehmen auf andere Weise stellen muß als durch »Abhacken« von immer mehr Wertschöpfungsstufen. Gewarnt werden muß jedoch auch vor der Flucht in die Überautomation (»Wenn das Personal teuer und unproduktiv ist, müssen wir eben in Zukunft ohne auskommen«). Sie hat in der Vergangenheit zu erschreckenden Investitionsruinen bei bestenfalls marginalen Produktivitätsverbesserungen geführt.

Design-to-cost-Potentiale. Faktorkosten, Skaleneffekte und Produktivitätsunterschiede dürfen nicht als einzige – und unveränderliche – Größen in die Fremdvergaberechnung eingehen. Ebenso wichtig ist es, Potentiale für eine weitere Optimierung der Kosten richtig einzuschätzen. Eine wichtige Rolle spielen die Logistikkosten, bei denen es ja auch darauf ankommt, daß nicht nur der Hersteller geringe Materialbestände hat, sondern daß die Summe aus Lagerkosten sowie Transport- und Rüstkosten beider Partner minimiert wird. Daneben aber liegt das größte Verbesserungspotential meist in einer fertigungsgerechten Konstruktion. Eine solche Optimierung durch Design-to-cost kann im Normalfall nur der zustandebringen, der die meiste Erfahrung mit der Systemoptimierung hat und der die Fertigungsprozesse am besten kennt. Das kann der Hersteller sein, oft ist es aber gerade für wichtige Teilsysteme auch der Zulieferer.

So konnte bei einem Automobil-Katalysator der Bedarf an teurem Platin erheblich gesenkt werden, weil die Erfahrungen des Zulieferers in der Strömungsoptimierung frühzeitig im Entwicklungsprozeß genutzt wurden. Vor allem aber sind die Design-to-cost-Potentiale dann hoch, wenn der Zulieferer die Konstruktion besser auf seine eigenen Fertigungsbedingungen zuschneiden kann. Diese Erfahrung machte zum Beispiel ein Maschinenbauer der stets den Einsatz eines Schmiedeteils in einem Teilsystem verlangt hatte. Sein Zulieferer konnte jedoch mit einem Blechteil, das in seiner Fertigung deutlich günstiger herstellbar war, die gleichen Anforderungen erfüllen und damit die Kosten für beide Seiten erheblich senken.

Abstimmung und Erfahrungsaustausch zwischen Hersteller und Zulieferer fördern oft unerwartete Verbesserungsmöglichkeiten zutage. So fand ein deutscher Hersteller, der ein Standardteil zum Redesign und zur Erstellung eines Vergleichsangebots nach Japan geschickt hatte, zunächst seine Erwartungen bestätigt: Der japanische Entwickler und Produzent konnte um etwa 30 Prozent günstiger liefern. Um so größer war die Überraschung beim zweiten Versuch mit einem viel komplexeren Teil. Der japanische Lieferant war trotz des Redesign hier ca. 18 Prozent teurer als der deutsche Hersteller. Trotzdem wäre es falsch gewesen, auf den Zukauf zu verzichten – das ergab eine genauere Untersuchung der Kostenunterschiede. Zwar verursachte die Einpassung des äußerst komplexen Teils in den Fertigungsprozeß des japanischen Lieferanten extreme Schwierigkeiten, aber dieser hatte auch ein besseres Kostenrechnungssystem, das ihm die Kosten der Komplexität vollständig darstellte. Beim deutschen Auftraggeber dagegen subventionierten die einfachen Teile die komplexen. Nach korrekter Zuordnung der Komplexitätskosten war das japanische Angebot langfristig doch preisgünstiger als die Eigenentwicklung.

Ein zweiter Blick auf das Redesign, das der japanische Lieferant vorgenommen hatte, war ebenfalls lohnend. Das komplexe Teil bot für sich allein kaum Optimierungsmöglichkeiten, weil es zu viele Verbindungen zu anderen Teilen und Komponenten hatte. Erst die

Gesamtoptimierung des Systems – Redesign und Neuentwicklung der gesamten Komponenten durch den japanischen Lieferanten – konnte das volle Kostensenkungspotential aufdecken.

In diesen beiden Fällen waren Design-to-cost-Potentiale nur durch verstärkte Fremdvergabe erschließbar. Ebenso kann es aber bei isolierter Vergabe von Fertigungsumfängen an Fremdbetriebe auch deutlich negative Effekte geben: Ein Unternehmen des Schwermaschinenbaus entschied sich vor ca. zehn Jahren, seine Fertigungstiefe erheblich zu reduzieren und die Teilefertigung vollständig aufzugeben. Da die Nachfrage stark schwankte, nahm man an, mit variabilisierten Fixkosten wettbewerbsfähiger zu sein. Während dieses Konzept sich zunächst als sinnvoll erwies, ist heute klar, daß die drastische Reduzierung der Fertigungstiefe beinahe zum Untergang des Unternehmens geführt hätte: Durch die Beschränkung auf die reine Maschinenauslegung verloren die Entwickler das Verständnis für Fertigungsprozesse, und entsprechend verschlechterte sich die eigene Produkt-/Prozeßoptimierung. Gleichzeitig waren die Zulieferer nicht bereit, ihre Fertigungsprozesse auf die Produkte hin zu optimieren, da sie nie wissen konnten, wann der nächste Auftrag oder Rahmenvertrag kam und ob sie wieder den Zuschlag erhalten würden.

In einer solchen Atmosphäre der Unsicherheit ließen sich Abläufe, Verfahren und Prozesse nicht optimieren. Das Unternehmen fiel noch nicht einmal – wie man erwartet hätte – technologisch allzuweit zurück, es war bei den entscheidenden Systemtechnologien durchaus noch wettbewerbsfähig. Schlimmer sah es bei den Kosten aus. Das Unternehmen hatte die Schnittstelle zwischen Entwicklung und Fertigung so gelegt, daß der Abstimmungs- und Koordinierungsaufwand, insbesondere aber die Opportunitätskosten in Form von verpaßten Design-to-cost-Gelegenheiten, extrem hoch waren. Damit war die Kostenposition insgesamt nicht mehr wettbewerbsfähig.

Insgesamt ist eine Entscheidung über die richtige Leistungstiefe auf Basis der technologischen Differenzierung nur in Verbindung mit einer detaillierten Kostenbetrachtung sinnvoll. Soll aus Differenzierungsgründen im eigenen Haus gefertigt werden, ist es unerläßlich, die Gesamtkosten dafür transparent und entsprechend wettbewerbsfähig zu machen. Falls ein Teil nicht zur technologischen Differenzierung dient und keine Kostenvorteile durch Eigenentwicklung und Fertigung erzielbar sind, sollte der Hersteller konsequent auf Fremdbezug umstellen. Dabei ist die richtige Ausgestaltung der Zusammenarbeit mit dem Zulieferer mindestens genauso wichtig wie die richtige Grundsatzentscheidung.

Zusammenarbeit mit dem Zulieferer: Teilen, nicht herrschen

Dem Verbesserungspotential und -bedarf, die sich aus den Technologie- und Kostenanalysen ergeben, ist mit einseitigen Maßnahmen des Herstellers nur sehr begrenzt beizukommen. Die Design-to-cost-Potentiale, aber auch das Ausschöpfen der Kostenvorteile, stehen und fallen mit einer möglichst guten Zusammenarbeit mit den richtigen Lieferanten. Tradierte Verhaltensweisen können die Vorteile gefährden und einen Vorteil sogar in einen Nachteil verkehren.

Die Grundregel des Erfolges heißt auch hier wieder Einfachheit. Die Schnittstelle zum Lieferanten wird so gelegt, daß eine klare Abgrenzung die Arbeitsweise beider Unternehmen vereinfacht und gleichzeitig technische Verbesserungspotentiale erschließt. Einfach machen die erfolgreichen Unternehmen es sich und ihren Zulieferern aber auch dadurch, daß sie konsequent eine Vertrauensbasis schaffen: Wenn die Interessen beider Seiten von vornherein zu ihrem Recht kommen, können Energien statt auf eine Vielzahl von Kontrollen produktiver auf gemeinsame Verbesserungen verwendet werden.

Systemgrenze. Die richtige Systemdefinition ist *die* kritische Weichenstellung im Gesamtprozeß der Fremdvergabe von Wertschöpfungsteilen. Fehler, die hier gemacht werden, können selbst bei Übererfüllung aller anderen Bedingungen nicht kompensiert werden. Das übergreifende Kriterium für die richtige Systemdefinition ist dabei sehr einfach: Welches System ermöglicht es dem Hersteller, sich technologisch zu differenzieren und gleichzeitig Faktor-, Skalen-, Produktivitäts- und Design-to-cost-Potentiale optimal zu nutzen? In der Praxis stehen vor allem zwei Fragen im Vordergrund: Welcher Schnitt gewählt werden soll, und wie groß das an die Zulieferer vergebene System sein soll.

Als *Schnittstelle* kommen grundsätzlich Teilefamilien, Montagemodule oder Funktionsmodule in Frage. Allen drei Schnitten ist gemeinsam, daß der Hersteller einen größeren Umfang von Zulieferern erhält, als bisher üblich, und daß die Fokussierung auf einen oder sehr wenige Lieferanten eine neue Form der Zusammenarbeit ermöglicht. Welchen der drei Schnitte man wählen soll, hängt stark davon ab, welche Potentiale erschließbar sind.

⇛ Bei der Entscheidung für das Prinzip »*Teilefamilie*« kauft ein Hersteller zum Beispiel seine verschiedenen Stellantriebe oder Hydraulikeinheiten nicht von mehreren Herstellern, sondern als Teilefamilie von einem Zulieferer. Dabei liegt das größte Einsparungspotential darin, daß der Zulieferer einen Gesamtüberblick gewinnt und auf diese Weise für den Hersteller ein kompetenterer Ansprechpartner wird. Er kann dem Hersteller helfen, durch Standardisierung seiner verschiedenen Steuer- oder Antriebseinheiten deutlich mehr Möglichkeiten zur Kostensenkung zu erschließen. Dabei sparen sowohl der Hersteller als auch der Zulieferer erheblichen Aufwand für Spezifizierung und Kontrolle. Die Faktorkosten gehen bei diesem Vorgehen in der Regel nicht zurück. Verbesserungen ergeben sich vor allem durch Skalenvorteile infolge der Standardisierung und zu einem gewissen Grad aus Design-to-cost-Potentialen.

⇛ Die intelligenteste Art der Schnittstellenregelung ist auf den ersten Blick die Vergabe kompletter *Funktionsmodule.* Hierbei ist die Schnittstelle zwischen Zulieferer und Hersteller durch die Spezifikation der Funktionsanforderung sowie die Einbaubedingungen definiert. Im Rahmen dieser Vorgabe kann der Zulieferer alle Freiheitsgrade ausschöpfen und z.B. verschiedene Funktionselemente von einem Bauteil ins andere verlagern. Problematisch wird das Schnittstellenmanagement zwischen Hersteller und Zulieferer dann, wenn das Funktionsmodul sich über die gesamte Maschine »verteilt«. Dann besteht die Gefahr, daß zu aufwendige Abstimmprozesse notwendig werden, daß Design-to-cost-Potentiale ungenutzt bleiben oder sogar Funktionsprobleme entstehen.
Alles in allem ist die Vergabe kompletter Funktionsmodule nur dann sinnvoll, wenn der Zulieferer über eine bessere Kenntnis der Systemarchitektur verfügt als der Hersteller, zum Beispiel weil er für eine Vielzahl von Herstellern arbeitet.

⇛ Die größten Kostenvorteile entstehen meist dann, wenn komplette *Montagemodule* – am besten zugleich Funktionsmodule – an den Zulieferer vergeben werden. Das Montagemodul hat den Vorteil, daß es beim Hersteller nur noch einmal zur Endmontage in die Hand genommen werden muß. Auf diese Weise wird ein hoher Prozentsatz der Montagewertschöpfung zum Zulieferer verlagert – mit entsprechenden Verbesserungen bei Personalkosten, Skaleneffekten und Design-to-cost. Für Fertigung und Entwicklung sind Montagemodule einfacher zu spezifizieren als Teilefamilien und Funktionsmodule.

Fast alle Maschinenbauunternehmen haben die Vorteile des Bezugs vollständiger Montage- und Funktionsmodule schon erfahren: Beim Übergang vom Bezug einzelner Zahnräder zum Bezug kompletter Standardgetriebe konnten viele Maschinenbauer erhebliche Kostensenkungen erzielen, und auch bei aktiven Spindellagerungen gibt es mittlerweile bereits Anbieter, die den meisten Hauslösungen weit überlegen sind.

Bei der Suche nach sinnvollen Modulen für den Fremdbezug beginnt man am besten bei möglichst großen Blöcken bzw. Baugruppen, und erst wenn auf diesem Niveau keine Möglichkeit besteht, geht man eine Ebene tiefer. In Extremfällen hat es sich sogar als richtig herausgestellt, ganze Produktgruppen von Externen zu beziehen, wenn die Technologie sehr weit ausgereift war, sich keine neuen Technologiesprünge abzeichneten und der Hersteller sich auch über die Prozeßtechnologie nicht differenzieren konnte, weil das Volumen zu gering war. Gelingt eine Fremdvergabe auf derartig hohem Niveau, also für ganze Produkte oder Teilmodule, dann wird es auch eher möglich, die so oft beschworenen, weitgehend remanenten Fixkosten doch zu flexibilisieren.

Ist die Schnittstelle als Teilefamilie, Funktionsmodul oder Montagemodul definiert, stellt sich die Frage nach dem *Zulieferumfang.* Wählt man den Umfang zu klein, so bleibt dem Zulieferer zu wenig Optimierungsspielraum; wählt man ihn zu umfangreich, besteht die Gefahr, daß kein Zulieferer mehr die Fähigkeit besitzt, die Potentiale auszuschöpfen.

Ein größerer Rahmen für fremdvergebene Systeme ist grundsätzlich dann sinnvoll, wenn das System weitgehend entkoppelbar ist, also wenn die Anzahl der Schnittstellen zu anderen Systemen und Teilsystemen begrenzt ist und die Anschlußparameter an den Schnittstellen genau vorgegeben werden können.

Wichtig für die Entscheidung über den Systemumfang ist es, die Fähigkeiten des Zulieferers klar zu verstehen. Überfordert wird der Lieferant häufig dann, wenn die Wahl des Systemumfangs sich weitestgehend an logistischen Anforderungen orientiert. Dann wird, zum Beispiel, vom Zulieferer verlangt, sowohl Mechanik als auch Elektronik zu liefern. Fertigt dieser selbst aber nur Elektronik, so entwickelt sich der Mechanikanteil für ihn schnell zu einem »Beistellteil«, für dessen Kosten er sich kaum verantwortlich fühlt – mit dem Ergebnis, daß diese schnell ansteigen.

Der Zulieferer kann nur dann deutlich günstigere Systemkosten als der Hersteller erzielen, wenn er einen Großteil der Komponenten selbst entwickelt und fertigt. Nur dann ist er in der Lage, komponentenübergreifende Optimierungen durchzuführen bzw. Teilfunktionen zusammenzufassen, durch die Kosten- oder Leistungssprünge möglich werden. Selbstverständlich ist es – gerade bei Großserien – denkbar, daß sich Lieferanten mit unterschiedlichen Stärken in einer projektspezifischen oder -übergreifenden Kooperation zusammenschließen und leistungsfähige Gesamtangebote machen. Für den Hersteller ist dabei jedoch Vorsicht geboten, da der Systembezug von zwei kooperierenden Unternehmen noch einmal deutlich höhere Anforderungen an alle Beteiligten stellt als der Systembezug von nur einem Lieferanten. Trotzdem spricht der Trend für Zusammenschlüsse dieser Art, wie in der Automobilzulieferindustrie zu beobachten. Diese Entwicklung wird vor allem dann erfolgreich sein, wenn sie dem Hersteller zusätzliche Kostenvorteile bringt.

Vertrauensbildende Maßnahmen. Die Optimierung der Leistungstiefe greift so tief in das innere Gefüge des Herstellers, aber auch des Lieferanten ein, daß eine hohe wechselseitige Abhängigkeit entsteht. Meist bedeutet dies, daß der Hersteller sich auf einen Zulieferer beschränkt (Single sourcing). Die erfolgreichen Unternehmen aus der McKinsey-Langzeitstudie gehen dabei so weit, daß sie in ca. 50 Prozent der Fälle gleichartige Bauteile von nur einem einzigen Lieferanten beziehen. Die weniger erfolgreichen Wettbewerber wagen nur in ca. zehn Prozent der Fälle dieses konsequente »Single sourcing«. Bei Identteilen haben die Erfolgreichen sogar über 80 Prozent des Beschaffungsvolumens auf nur einen Lieferanten konzentriert, während die weniger Erfolgreichen knapp unter der 50-Prozent-Marke liegen (Schaubild 2).

Während die weniger erfolgreichen Unternehmen fürchten, in Abhängigkeit von dem »Single-source«-Zulieferer zu geraten, haben die erfolgreichen verstanden, daß natürlich auch der Zulieferer bei dem Vorgehen viel stärker abhängig vom Hersteller, seinem Kunden wird: Das Volumen des einen Abnehmers wird größer, und die Verpflichtungen ihm gegenüber sind deutlich längerfristig bindend

Erfolgreiche Unternehmen arbeiten mit weniger Lieferanten pro Bauteil

Bezugsquellen 1989
in Prozent des Beschaffungsvolumens

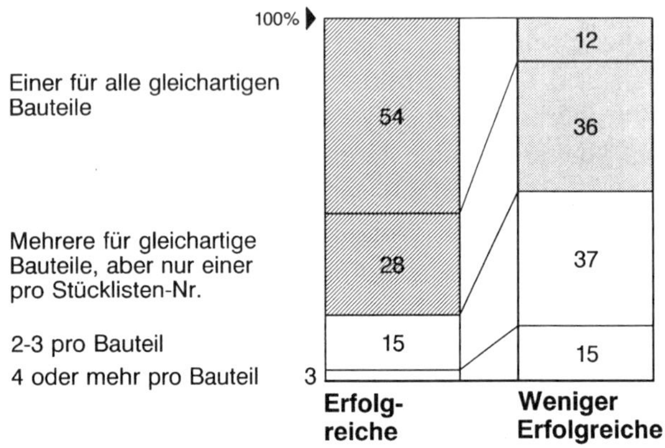

Schaubild 2

und schwerwiegender, bis hin zu jährlichen Rationalisierungszielen über die Laufzeit der Maschine.

Deshalb kann die scheinbare Binsenweisheit, daß die Zusammenarbeit von gegenseitigem Vertrauen geprägt sein muß, hier gar nicht ernst genug genommen werden. Das notwendige Vertrauen aber kann nur dann zustande kommen, wenn die angestrebten Verbesserungen beiden Seiten Vorteile bringen. Wichtiges Signal dafür ist vor allem eine frühzeitige Bindung der Partner, damit die Energie sich auf die weitere Optimierung von Inhalten und Ergebnissen der Zusammenarbeit statt auf das Abstecken von Claims und Sichern von Rückfallpositionen konzentrieren kann.

Dies wiederum erfordert andere Abläufe, als sie bisher meist üblich sind, insbesondere anspruchsvollere, weniger opportunistische Definition der Anforderungen an Zulieferer, zügige Vorauswahl der

Systemlieferanten auf Basis eines Konzeptwettbewerbs, sowie verbindliche Festlegung von Allein- oder Hauptlieferanten.

Traditionell werden *Anforderungen an Zulieferer* häufig aus Zwängen des Augenblicks und funktionalem Eigeninteresse heraus formuliert. So kooperiert die Konstruktion der Hersteller in den Frühphasen gern mit den kompetentesten Entwicklern, lange bevor der Einkauf überhaupt eingeschaltet ist. Oft ist dabei der vom Konstrukteur bevorzugte Zulieferer in seinen Kosten keineswegs attraktiv. Daher besteht der Einkauf meistens darauf, daß andere – günstigere – Lieferanten zumindest als Zweitlieferanten zugelassen werden. Ergebnis: Vielfach ist das Produkt schon so auf den Zulieferer festgeschrieben, daß ein Wechsel nicht mehr möglich ist. Oder es gelingt dem Einkauf, tatsächlich einen billigeren Lieferanten zu finden, der zumindest Teillieferungen abdecken kann. Dann ist der Zulieferer verärgert, daß er das »Gehirnschmalz« liefert und ein Wettbewerber davon profitiert; der Einkauf ist unzufrieden, daß er zumindest teilweise von dem »viel zu teuren« Lieferanten beziehen muß; die Konstruktion hat Probleme, beim nächsten Projekt den Zulieferer mit Entwicklungskompetenz wieder zu motivieren.

Durchbrechen läßt sich dieser Teufelskreis nur, wenn die Lieferanten vier wesentliche Kriterien erfüllen:

⇛ *Entwicklungs-Know-how:* Vielfach bringt der Einkauf Zulieferer in das Gespräch, die zwar sehr günstig produzieren können, aber kein entsprechendes Konstruktions-Know-how besitzen. Da die größten Potentiale aber häufig vor allem in intelligentem Design-to-cost liegen, können diese Unternehmen nicht die zukünftigen Lieferanten sein. Das Problem glauben auch heute noch Unternehmen dadurch lösen zu können, daß sie die Entwicklungsleistung selbst durchführen oder an ein Ingenieurbüro vergeben, um dann die Blaupause zur kostengünstigen Fertigung an den Garagenbetrieb zu geben. Einsparungen dabei stehen allerdings meist nur auf dem Papier. De facto können Produkt-/Prozeßoptimierungen nicht durchgeführt werden. Vielfach endet der Versuch so, daß der Zulieferer die Blaupausen des Ingenieurbüros noch einmal umzeichnet, um Fertigungsunterlagen daraus zu machen. Um einen solchen ineffizienten Prozeß zu verhindern, muß Entwicklungs-Know-how eine unabdingbare Anforderung an die Mehrzahl der Lieferanten sein, ausgenommen einige wenige Hersteller von Commodities.

⇛ *Fertigungs-Know-how und Kostenstruktur:* Selbstverständlich ist es wichtig, daß der Zulieferer das Know-how besitzt, um dem angestrebten technologischen Niveau und den geplanten Volumina gerecht werden zu können. Noch wichtiger ist aber, bereits vor der Einladung zum Konzeptwettbewerb zu verstehen, ob der Zulieferer aufgrund seiner strukturellen Kosten, seiner logistischen Systeme (Liefertreue) und seiner Qualitätsstandards überhaupt in der Lage ist, die Anforderungen zu erfüllen.

⇛ *Stabilität des Zulieferer*s als Geschäftspartner: Da man im Normalfall in einer späteren Phase den Zulieferer als »single source« auswählen möchte, sind extrem finanzschwache Unternehmen mit schlechter Ertragslage und ohne möglicherweise haftbar zu machende kapitalkräftige »Mütter« kaum geeignet.

⇛ *Loyalität des Zulieferers:* Dieses Kriterium ist in den meisten Fällen durchaus erfüllt. Vorsicht ist jedoch besonders dann geboten, wenn der Zulieferer enge Kapital-Verknüpfungen mit einem der Hauptwettbewerber des Herstellers hat oder wenn der Hersteller als Kunde für den Zulieferer wenig attraktiv ist.

Die Lieferanten, die diesen Anforderungen entsprechen, sollten in einem *Konzeptwettbewerb* Gelegenheit erhalten, sich für die enge Zusammenarbeit zu qualifizieren. Dabei sind ihnen klar definierte Ziele für funktionelle Leistungsfähigkeit und Kosten vorzugeben.

Jedes der Ziele muß zwar realistisch, aber dennoch so ehrgeizig sein, daß das Denken allein in traditionellen Systemarchitekturen und

Produktionskonzepten nicht mehr zielführend ist. Vielmehr sollen die Lieferanten gezwungen sein, auch neue Wege zu beschreiten und Vorschläge zu unterbreiten, die mit geänderten Rahmenbedingungen (z.B. Spezifikation oder Komplexität) verbunden sind. Wichtig ist es, daß in einem solchen Konzeptwettbewerb die möglichen Zulieferer auf eine überschaubare, aber hinreichend große Anzahl – optimal drei bis fünf – reduziert werden, da man mit ihnen intensivere Gespräche zum Systemkonzept führen muß.

Diese Vorauswahl sollte nicht zu lange dauern. Es empfiehlt sich, den Prozeß für die verschiedenen Systeme zeitlich versetzt durchzuführen, dafür aber den Zeitrahmen für jedes System auf drei bis vier Monate zu beschränken. Ergebnis ist die Auswahl eines Lieferanten auf Basis mehrerer Konzeptangebote, die verbindliche Zusagen über Preise während der ganzen Laufzeit des Produktes enthalten, einschließlich klarer Verpflichtungen des Zulieferers zu zusätzlichen Rationalisierungen während der laufenden Serie.

Durch Beschränkung auf »Single sourcing« und intensive, vertrauensvolle Zusammenarbeit sind meist Kosteneinsparungen von 30 bis 40 Prozent realisierbar, während das Ausspielen mehrerer Lieferanten gegeneinander bestenfalls Verbesserungen im einstelligen Prozentbereich erlaubt, die selten nachhaltig sind. Darüber hinaus kann das Entstehen von Notsituationen – »Zulieferer droht Konkurs anzumelden« – durch das beschriebene Auswahlverfahren weitgehend vermieden werden.

Vertrauen will verdient sein. Das heißt, der Hersteller sollte sehr sorgfältig prüfen, mit wem er diese neue Art der Zusammenarbeit eingehen möchte. Richtig praktiziert, stellt das neue Vertrauen anspruchsvolle Anforderungen an beide Seiten, es macht aber andererseits das Tagesgeschäft deutlich einfacher. So ist ein Großteil des Produktivitätsrückstandes in den indirekten Funktionen des Herstellers auf Kontrolle der Zulieferer zurückzuführen: Von der Konstruktion über Einkauf und Logistik bis hin zur Qualitätssicherung fällt hier vielfach ein enormer Personalaufwand an. Die erfolgreichen Maschinenbauer und Komponentenhersteller aus der McKinsey-Langzeitstudie hingegen ließen die Qualitätskontrolle zum Teil vom Zulieferer durchführen (Schaubild 3).

Neues Verhalten: Durch Übung zur Meisterschaft

Von zehn Beschlüssen zur Leistungstiefe deutscher Maschinen- und Komponentenhersteller werden sieben von »neutralen«, funktionsübergreifenden Entscheidungsträgern getroffen – bei den erfolgreichen Unternehmen. Bei den weniger Erfolgreichen dagegen ist das nur in vier von zehn Fällen so, denn hier fallen diese Entscheidungen meist innerhalb der Produktion (Schaubild 4).

Damit ist eine wichtige Voraussetzung für die Optimierung der Leistungstiefe angesprochen: Fähigkeiten und Verhaltensweisen

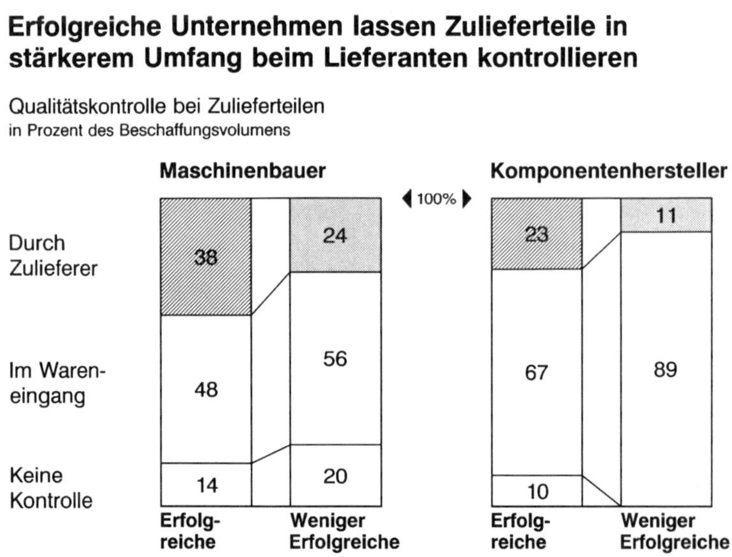

Schaubild 3

In erfolgreichen Unternehmen bestimmen meist "bereichsneutrale" Entscheidungsträger über Eigen- oder Fremdfertigung

Zuständigkeit für strategische Fertigungstiefe-Entscheidungen
in Prozent der ausgewerteten Unternehmen

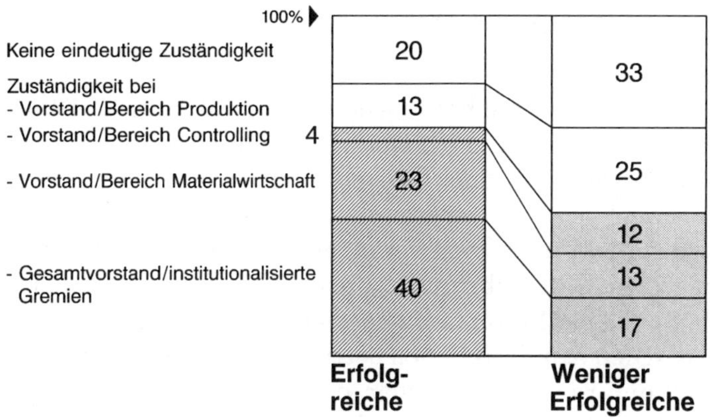

Schaubild 4

im ganzen Unternehmen, bei Hersteller und Zulieferer. Sie werden bei den Erfolgreichen von der Unternehmensleitung eingefordert und von einem kompetenten Projektleiter vorangetrieben. Für die praktische Umsetzung gilt wieder das Primat der Einfachheit: Statt umfangreicher, komplizierter Anleitungen erhalten Führungskräfte und Mitarbeiter des Herstellers und der Zulieferer die Gelegenheit, die ungewohnten Ziele und Verfahrensweisen in einem konkreten Projekt zu üben.

Wird in einem Unternehmen die kurzfristige Umsetzbarkeit skeptisch beurteilt (»Im derzeitigen Maschinenkonzept können wir nichts ändern«), sollte das Pilotprojekt als »Training on the job« betrieben werden und einen eher langfristigen Zeithorizont haben – beispielsweise bis zum Übergang auf ein völlig neues Maschinenkonzept. Meist stellt sich dann heraus, daß von den neuen Ideen, die für das Nachfolgemodell entwickelten werden, eine Vielzahl doch schon in die laufenden Produkte aufgenommen werden kann. Neben dem Vorteil, damit schon vor Anlauf des Nachfolgemodells Kostensenkungen zu erreichen, werden mit der schrittweisen Einführung auch die Umstellungsrisiken verringert. Bei hoher Änderungsbereitschaft und starker Führung kann eine solche Veränderung auch meist von vornherein mit kurzfristigem Zeithorizont in Angriff genommen werden.

Ein solches Programm hat in jedem Fall große Signalwirkung und macht den Mitarbeitern bei Hersteller und Zulieferer das Ausmaß und die Notwendigkeit der Veränderungen klar. Ist die Bereitschaft zum Wandel geweckt, müssen dann die Veränderungsprozesse in den einzelnen Funktionen vorangetrieben werden. Das kann nur gelingen, wenn die Führungskräfte bereit und in der Lage sind, sich an die Spitze der Bewegung zu setzen, und wenn gezielte Job rotation zwischen den Funktionen betrieben wird – vor allem zwischen Einkauf und Entwicklung, aber auch mit der Fertigung. Denn die notwendigen Veränderungen haben nicht selten nahezu revolutionären Charakter. Zum Beispiel:

Entwicklung/Konstruktion. Früher wurden die Zulieferer hier oft erst nach Festlegung des Gesamtkonzeptes eingebunden – nachdem Systemschnittstellen bereits implizit festgelegt und Spezifikationen weitgehend definiert waren. In dem neuen Kooperationsmuster hingegen muß die Entwicklung zunächst einmal in Abstimmung mit anderen Funktionen die wichtigsten Systeme und damit auch die geeignete Leistungstiefe definieren. Das kommt den eigenen Interessen der Entwicklung durchaus entgegen, auch wenn sie sich dabei deutlich früher auf die Systemarchitektur festlegen muß. (Dies wäre nämlich prinzipiell auch ohne die stärkere Einbindung der Zulieferer notwendig gewesen, wurde aber von den meisten Entwicklungs- und Konstruktionsabteilungen bisher nicht praktiziert.)

Unangenehmer ist es für den Entwickler, daß er nicht mehr kurz und schnell einen ihm genehmen Zulieferer in die Entwicklung einbeziehen kann, sondern ein funktionsübergreifender Kreis dies absegnen muß.

Die Veränderungen sind damit für die Entwicklung sehr grundlegender Art: Sie muß sich von der Detailkonstruktion fremdvergebener Systeme verabschieden. Konsequenterweise sollte sie auch die Prototypenteile vom Serienzulieferer beziehen und die Komponententests vom Lieferanten durchführen lassen. Nur so kann der Hersteller seine Gesamtkosten im Sinne von »Lean management« optimieren, und der Zulieferer erkennt schon zu einem frühen Zeitpunkt, daß die Verantwortung bei ihm liegt, und daß er sich nicht mehr auf ein Sicherheitsnetz beim Hersteller verlassen kann.

Einkauf. In der Vergangenheit lag der Schwerpunkt der Einkaufstätigkeit vielfach auf den jährlichen Konditionenverhandlungen, bei denen versucht wurde, trotz Inflation sogenannte »Null-Runden zu fliegen«. Dagegen werden die Einkäufer in Zukunft daran gemessen, ob es ihnen gelingt, ein detailliertes Know-how über Kostenstrukturen und Leistungsfähigkeit des Zulieferers aufzubauen und bei Aushandlung der Mehrjahresverträge einzusetzen. Dieses Know-how wird es dann auch ermöglichen, jeweils die tatsächlich besten Lieferanten in die Vorauswahl einzubeziehen – heute sind dem Einkauf noch primär die traditionellen, nicht jedoch die mittlerweile zum Weltmaßstab aufgestiegenen internationalen Anbieter bekannt.

Ebenso nützlich ist dieses Know-how bei Vertragsverhandlungen, um Spielräume des Lieferanten zu sehen und zu verstehen. Hersteller, die bei Kenntnis der Kosten des Zulieferers diesem noch eine Gewinnspanne gestatten, handeln langfristig klüger als solche, die hier versuchen, das letzte herauszuholen. Partnerschaft ist nur auf der Basis von Fairness möglich.

Controlling. Hier sind auf den ersten Blick vielleicht die wenigsten Anpassungen zu erwarten. Häufig tut sich aber gerade das Controlling schwer, denn es muß sich von der lange vorherrschenden Grenzkostenbetrachtung lösen. Stattdessen muß das Controlling frühzeitig im Entwicklungsprozeß Vollkosten für Baugruppen und Subsysteme unter den verschiedenen Gegebenheiten ermitteln und dabei abschätzen, wie weit sich bei Reduzierung der Leistungstiefe die Fixkosten abbauen lassen. Um wirklich nachhaltige Kostensenkungen zu erzielen, gilt es, im indirekten Bereich einen proportionalen oder besser überproportionalen Abbau anzustreben und entsprechende Anpassungsprozesse voranzutreiben.

Darüber hinaus muß das Controlling detaillierte Cash-flow-Berechnungen durchführen, die es erlauben, Angebote verschiedener Lieferanten und natürlich auch die Option der »Eigenfertigung« zu vergleichen.

Produktion. Die meisten Entscheidungen zur Reduzierung der Leistungstiefe sind naturgemäß mit tiefgreifenden Anpassungen in der Produktion verbunden. Hier muß zunächst ein tragfähiges Konzept erarbeitet werden, das auf dem Unternehmensziel der technologischen Differenzierung aufbaut.

Festgelegt werden muß, welche der Baugruppen oder Systeme, die nicht zur technologischen Differenzierung im Hause bleiben müssen, zukünftig noch wettbewerbsfähig »angeboten« werden können. Diese Wettbewerbsfähigkeit muß sich an den Kriterien Faktorkosten, Skalenvorteile, Produktivität und Design-to-cost messen lassen. Nach diesen Maßstäben hat die eigene Produktion bei nicht differenzierenden Baugruppen häufig nur dann eine Chance gegen Zulieferer, wenn sie die jeweiligen Bereiche wie einen Zulieferer als Profit-Center, möglichst mit entsprechenden Konstruktions-/Entwicklungsabteilungen, ausgliedert. In diesen Einheiten müssen dann stärker Design-to-cost-Potentiale, aber mittel- bis langfristig auch Strukturkostenvorteile, insbesondere geringere Faktorkosten, erschlossen werden.

Außerdem: Mit rückläufiger Fertigungstiefe muß die Produktion nicht nur die direkten Kosten abbauen, sondern auch die Gemeinkosten proportional anpassen. Im Idealfall sollte es sogar möglich sein, die Gemeinkosten überproportional zu senken: Erfahrungsgemäß wirkt sich ja die Größe eines Werkes nicht vorteilhaft auf die Infrastrukturkosten aus; vielmehr steigt der relative »Verwaltungsaufwand« mit der Werksgröße an. Der einzige Grund, der für größere Werke spricht, sind Skaleneffekte – die Tatsache, daß gewisse Prozeßtechnologien erst ab einer gewissen Stückzahl wirtschaftlich sind. Im übrigen gilt fast die Gesetzmäßigkeit: je kleiner, desto effizienter. Entsprechend müßten die Gemeinkosten bei Verringerung der Fertigungstiefe überproportional sinken. Möglich ist das aber nur dann, wenn Infrastruktur und Fertigungshierarchien vorbehaltlos hinterfragt und angepaßt werden.

»Hystereseeffekte« in der Organisation können nur überwunden werden durch klare, harte Zielvorgaben, abgeleitet aus Best-practice-Kennzahlen und Extrapolationen des Ist-Zustandes. Nur so werden auch ganze Hierarchieebenen oder Querschnittfunktionen wie interner Transport und Instandhaltung in Frage gestellt und gegebenenfalls angepaßt. Ein eher einfacher gedanklicher Anpassungsprozeß in Fertigung und Montage ist dagegen die Neuausrichtung der Logistik, obwohl auch hier interne Abläufe wie Wareneingänge oder Transport konsequent hinterfragt werden sollten.

Qualitätssicherung. Für die Qualitätssicherung ist die neue Form der Zusammenarbeit mit Zulieferern ein guter Anlaß, ohnehin notwendige Veränderungen auszuarbeiten. Bereits in die Phase der Grobauswahl der Zulieferer müssen Qualitätsaspekte einfließen, und zur Endauswahl der Zulieferer muß ein detailliertes Qualitätsaudit durchgeführt werden. Darüber hinaus muß die Qualitätssicherung bereits in der Frühphase der Entwicklung die übergeordneten Qualitätsziele für Baugruppen und Systeme/Module spezifizieren.

In der Phase der Systemproduktion wird die Qualitätssicherung dann eher entlastet. Bereits heute verlassen sich erfolgreiche Unternehmen deutlich häufiger auf die Ausgangsprüfung durch den Zulieferer und haben ihre eigene Wareneingangsprüfung reduziert. Mit knapp 40 Prozent bei den erfolgreichen Maschinenbauern und etwas über 20 Prozent bei den erfolgreichen Komponentenherstellern ist hier das Vertrauen zum Zulieferer aber immer noch eher gering. Auch das weist auf Handlungsbedarf in Richtung auf optimale Leistungstiefe und vertrauensvolle Zusammenarbeit mit den Lieferanten hin.

Fazit

Um bis zu 40 Prozent senken erfolgreiche Maschinenbauer und Komponentenhersteller ihre Gesamtkosten für das jeweilige Teilsystem, wenn sie ihre Leistungstiefe optimal gestalten. Diese Optimierung muß sich auf die gesamte Wertschöpfungskette erstrecken, einschließlich der Strukturen und Abläufe beim Zulieferer. Denn nur so lassen sich die mit Abstand wichtigsten Verbesserungspotentiale erschließen: Fremdbezug ganzer Systeme, Design-to-cost entsprechend den Erfordernissen beider Partner und Beschränkung auf wenige Hauptlieferanten.

⇛ Die *strategische Konzentration* des Herstellers beläßt nur solche Teile und Systeme in der Eigenfertigung, die eine technologische Differenzierung im Wettbewerb zu günstigen Kosten ermöglichen. Der Fremdbezug konzentriert sich auf deutlich weniger Lieferanten – die Hälfte bis ein Drittel der früher üblichen Zahl bei klarer Präferenz für »Single sourcing« und gemeinsame Bemühungen um Effizienzsteigerung im Gesamtprozeß.

⇛ *Schnittstellen* werden stark vereinfacht und reduziert. Klare Systemgrenzen sorgen für Sicherheit bei Hersteller und Zulieferer, lassen vor allem aber viel Optimierungsfreiraum, besonders für Design-to-cost durch den Lieferanten. Die Anzahl Schnittstellen verringert sich durch Vergabe ganzer Subsysteme an einen Zulieferer statt Konfektion von Komponenten verschiedener Lieferanten durch Hersteller.

⇛ Die *Abläufe* fördern die Vertrauensbildung zwischen Hersteller und Zulieferer. Der Hersteller versteht sich als Partner, nicht als Überkontrolleur – bei entsprechend größerer Eigenverantwortung des Zulieferers für Entwicklung, Prototypenteile, Komponententests und Sicherung der Serienqualität.

Der Veränderungsprozeß bis zur optimalen Leistungstiefe dauert je nach Unternehmen, vor allem abhängig von der Stärke der Führung, zwei bis fünf Jahre. Begrenzender Faktor sind meist die Fähigkeiten, vor allem aber Denkstrukturen beim Hersteller, aber auch beim Zulieferer. Den Ausschlag gibt eine überzeugte Führungsmannschaft mit ausgeprägtem Willen zur Veränderung.

III. Entwicklung: Risikominimierung durch starkes Vorfeld und Integration

Das Ziel ist klar: Die Produktentwicklung soll schneller, besser und billiger zu marktreifen Produkten führen. Der Weg dahin scheint plausibel, aber aufwendig: Das ganze Wissen und Können im Unternehmen muß auf die Erfüllung der Kundenwünsche konzentriert werden, ohne die Fertigungsanforderungen aus den Augen zu lassen.

Was auf diesem Weg zu erreichen ist, haben erfolgreiche Unternehmen eindrucksvoll demonstriert. Sie nutzen den Haupthebel zur Verbesserung ihrer Wettbewerbsposition, denn neben den Produktfunktionen werden in der Entwicklung nicht selten auch 50 – 75 Prozent der Produktkosten festgelegt. So leistete sich ein amerikanischer Elektronikhersteller den Aufwand, parallel zur Entwicklung eines Produktkonzeptes ein zweites Entwicklungsteam an einer kostenoptimierten Alternative arbeiten zu lassen. Das Ergebnis: ein leistungsfähigeres Produkt konnte für zehn Prozent geringere Herstellkosten realisiert werden, weil es einfacher herzustellen war. Die gesamten jährlichen Einsparungen aus Herstellkosten summierten sich auf sieben Millionen Dollar.

Ebenso zahlte es sich für Ford Motor USA nach eigenen Angaben aus, in das Training von 10.000 Mitarbeitern in Produktentwicklung und Produktionsvorbereitung zu investieren, um die Fahrzeugkonstruktion zu optimieren: Die verbesserte – und vereinfachte – Konstruktion sparte 1,2 Milliarden Dollar pro Jahr oder 700 Dollar pro Fahrzeug ein. Nach jüngsten Veröffentlichungen soll Ford in den Herstellkosten, zum Beispiel gemessen an den Montagestunden pro Fahrzeug, mit den besten japanischen Unternehmen fast gleichgezogen haben.

Leistungssprüngen wie diesen liegt radikales Umdenken zugrunde, eine Abkehr von traditionellen Verfahrensweisen in der Entwicklungsarbeit, mit der sich weniger erfolgreiche Unternehmen ausgesprochen schwer tun: Über funktionale und hierarchische Grenzen hinweg führt der Prozeß der integrierten Produktentwicklung Wissen und Kompetenz zusammen. Gerade im Produktdesign kann solch ein geballter Kompetenzeinsatz mit relativ geringem Aufwand sprunghafte Verbesserungen erzielen; ein vergleichbarer Fortschritt etwa durch operative Verbesserungen in der Produktion ist nur mit einer Vielzahl mühsamer, kleiner Einzelmaßnahmen zu erreichen.

Dem Unternehmen, dem diese Kulturveränderung gelingt, wachsen Verbesserungsmöglichkeiten zu, die weit über bloße Kostenersparnis in der Entwicklung hinausgehen. Vor allem diese:

⇛ *Strategiekopplung.* Integrierte Produktentwicklung verbindet Entwicklungs- und Unternehmensstrategie. Dafür sorgen die integrierten Produktplanungs- und Entwicklungsteams, in denen Vertreter aller relevanten Funktionen und Bereiche gleichberechtigt Erfahrung, Ideen und Urteilsvermögen einbringen und Lösungen erarbeiten. Erst aus dieser Gesamtsicht heraus wird es auch möglich, das notwendige langfristige Denken über mehrere Produktgenerationen hinweg im Produktdesign umzusetzen.

⇛ *Niedrigere Herstellkosten* ***und*** *kürzere Entwicklungszeiten* ***und*** *bessere Qualität.* Kostenersparnis durch integrierte Produktentwicklung muß nicht mit Qualitätseinbußen oder längeren Entwicklungszeiten erkauft werden (Schaubild 1). Zum Beispiel liegen im Maschinen- und Komponentenbau die Herstellkosten eines Spitzenunternehmens typischerweise 35 Prozent unter denen der mittleren Wettbewerber; von diesem Kostenvorteil geht nicht weniger als ein Drittel auf ein kostengünstig zu fertigendes Produktdesign zurück. Ähnlich entscheidend ist das Produktdesign auch für die kostentreibende Komplexität in der Fertigung, und einen Großteil der Logistikaufwendungen (z.B. für Ersatzteile und Ersatzteilversorgung) legt es in manchen Fällen auf Jahrzehnte hinaus fest.

Kurze Entwicklungszeiten der Erfolgreichen gehen nicht zu Lasten von Kosten und Qualität

BEISPIEL: MASCHINENBAU

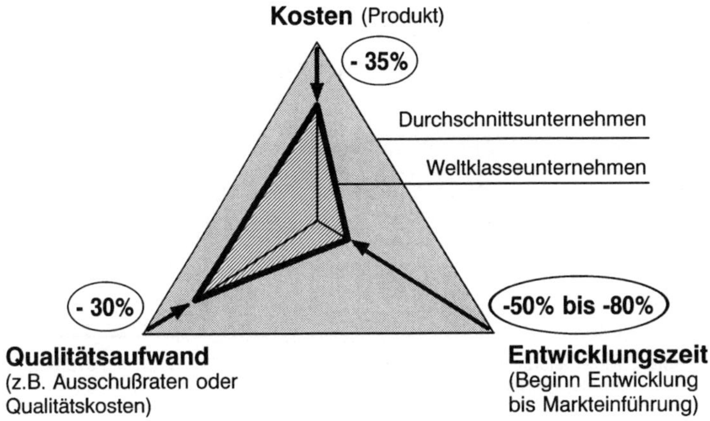

Schaubild 1

Doch die integrierte Produktentwicklung ist auch schnell. Zwar ist die Konsensbildung im Team in der Konzeptphase oder anderen frühen Entwicklungsphasen relativ aufwendig. Aber das wird mehr als aufgewogen durch eine störungsfreie, diszipliniert abgearbeitete Hauptentwicklungsphase. Hier fallen nur noch wenige Änderungen an, was als Zeitgewinn und niedrigere Kosten für die dann doch schon sehr aufwendigen Hardware-Modifikationen zu Buche schlägt. Bei weniger erfolgreichen Unternehmen wird in vielen Fällen sogar die Konzeptphase selbst durch viele Änderungen und Unklarheiten überdurchschnittlich verzögert. Ergebnis: Erfolgreiche Wettbewerber kommen über die gesamte Entwicklung mit der Hälfte der Zeit aus (Schaubild 2).

Und schließlich sind auch Qualität und niedrige Kosten kein Entweder/Oder. In der Herstellung vergleichbarer Diagnose-

Erfolgreiche Maschinenbauer kommen mit deutlich kürzeren Entwicklungszeiten aus

Hersteller vergleichbarer Produktgruppen

Entwicklungsdauer in Monaten

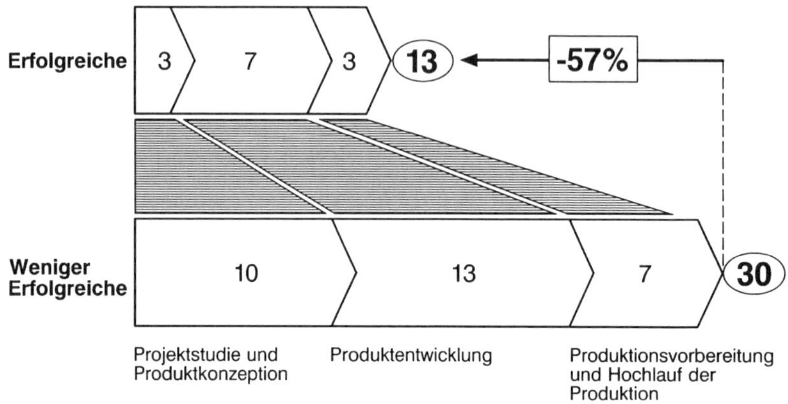

Schaubild 2

geräte etwa lag Unternehmen A mit Herstellkosten und Qualität im Mittelfeld, Wettbewerber B kam mit 30 Prozent niedrigeren Kosten aus und erreichte trotzdem im Qualitätsindex 30 Prozentpunkte mehr. Der wesentliche Grund: Der überlegene Anbieter B verwandte eine modulare Konstruktion aus erprobten Subsystemen. Sie ermöglichte nicht nur nach der Montage einen höheren Anteil fehlerfreier Produkte, sondern verursachte auch im Einsatz weniger Störungen, die zudem noch einfacher zu beheben waren.

Qualität zu konstruieren, statt sie »hineinzuprüfen« oder durch Vertrieb und Service nachbessern zu lassen, ist das einfache Credo der Erfolgreichen, das sie ähnlich wie bei Diagnosegeräten auch bei Werkzeugmaschinen, Haushaltsgeräten oder Automobilen vorführen. Wie groß die erzielbaren Vorteile sind, ist nach Branchen unterschiedlich. So übertrumpfen in

Mechanik-geprägten Industrien die Besten ihre weniger erfolgreichen Wettbewerber – im Schnitt – bei den Kosten um 35 Prozent, im Qualitätsniveau (gemessen an Ausschußraten oder Qualitätskosten) um 30 Prozent und bei den Durchlaufzeiten sogar um 50 bis 80 Prozent. In der Elektronikindustrie ist der Vorsprung noch ausgeprägter. Kostenunterschiede von 60 bis 70 Prozent sind keine Seltenheit; im Qualitätsvergleich verzeichnen die weniger erfolgreichen Hersteller oft zum Beispiel zehnmal mehr Lötfehler pro Platine, und ihre Durchlaufzeiten sind doppelt so hoch.

Natürlich sind diese eklatanten Unterschiede nicht ausschließlich auf die unterschiedliche Produktentwicklung zurückzuführen, sondern beruhen auch auf unterschiedlicher operativer Ausführung und zum geringen Teil auf unterschiedlichen Faktorkosten. In fast allen Fällen sind jedoch ein Drittel bis zwei Drittel des Unterschiedes nur durch eine geänderte Produktentwicklung aufzuholen.

Die integrierte Produktentwicklung muß auch keine besonders hohen Entwicklungskosten erzeugen. So geben die erfolgreichen Unternehmen des Maschinenbaus und der Komponentenhersteller mit 4,4 Prozent vom Umsatz deutlich weniger Geld für die Entwicklung aus, als ihre erfolglosen Konkurrenten mit ca. sechs bis acht Prozent. Durch ihre fokussierte Produktpalette kommen pro Produkt bei ihnen mit 6,5 Mio. DM p.a. aber deutlich mehr Ressourcen bei jedem einzelnen Produkt an als bei ihren erfolgloseren Konkurrenten mit 4,7 Mio. DM p.a.

⇛ *Motivation.* Durch die Einbindung in multifunktionale Teams bietet die integrierte Produktentwicklung den Mitarbeitern weitaus mehr Lern- und Entfaltungsmöglichkeiten als herkömmliche Entwicklungsarbeit. Zusammen mit mehr Verantwortung und Entscheidungsfreiheit begründet das den immer noch oft unterschätzten – weil schwer meßbaren – Wettbewerbsvorteil Motivation. Seine konkreten Auswirkungen lassen sich vielleicht aus den Erfahrungen im Fertigungsbereich ableiten, wo ein direkter Zusammenhang zwischen Mitarbeitermotivation und Fehlzeiten nachgewiesen ist. Ein Gewinn (oder Verlust) an Engagement bei Mitarbeitern der Entwicklung wiegt zweifellos mindestens ebenso schwer.

Den Weltmaßstab für effiziente Produktentwicklung der hier angesprochenen Art setzt heute meist Japan. So sehr, daß japanische Überlegenheit bei Personalproduktivität, Durchlaufzeit bis zur Marktreife und auch Entwicklungskosten schon fast als Naturgesetz gilt. Das aber ist eine gefährliche, weil lähmende, Fehleinschätzung. Gerade unsere traditionellen Stärken Individualismus und Kreativität müßten sich bei richtigem Einsatz integrierter Produktentwicklung zu Wettbewerbsvorteilen ummünzen lassen, und es gibt keinen Grund, warum die bestehenden operativen Unterschiede nicht bis auf den geringen Anteil der Faktorkostenunterschiede aufzuholen sind.

Warum, zum Beispiel, sollten europäische – oder amerikanische – Marketing- und Vertriebsexperten gemeinsam mit den Produktentwicklern nicht in der Lage sein, attraktive Segmente aufzuspüren und gezielt Produkte für sie zu entwickeln? Warum sollten wir nicht auf überflüssige Produktmerkmale und Spezifikationen verzichten können? Warum können wir unsere Ingenieure, die sicher nicht schlechter sind als ihre japanischen Kollegen, nicht auch mit ihren Partnern in der Fertigung oder bei den Zulieferern zusammenbringen und so zu einem optimierten, kostengünstig zu fertigenden Produktdesign kommen?

Angesichts traditionell kürzerer Entscheidungsprozesse könnten zum Beispiel unsere Konzeptentwicklungs- und Vorfeld-Phasen sogar deutlich kürzer sein als in vergleichbaren japanischen Unternehmen; und die anschließende Hauptentwicklung hat gute Chancen, in Schnelligkeit und Effizienz gleichzuziehen. Das entscheidende – und äußerst ernstzunehmende – Hindernis ist ein tiefverwurzeltes Ressort- und Bereichsdenken sowie ein Festhalten an Inkrementalismus mit geringer Bereitschaft zu radikalen Änderungen.

Integrierte Produktentwicklung verlangt partnerschaftliches Zusammenwirken nach innen und außen. Das heißt vor allem: im Vorfeld kompromißlose Konzentration auf – besonders auch latente – Kundenwünsche, Technologieklärung und realistische Planung, um Risiken im Hauptfeld zu minimieren; im gesamten Entwicklungsprozeß strategische Beteiligung von Lieferanten; in der Serienentwicklung ein rigoroser Abbau der internen Schnittstellen, um zügig das vereinbarte Ziel zu verwirklichen. Und schließlich sollten einfache, wirksame Methoden und Werkzeuge den Leistungssprung erleichtern (Schaubild 3).

Vorentwicklung: Rolle als planerisches Gehirn

Da fehlt in dem für zwei bis drei Milliarden Mark entwickelten neuen Auto die Durchlademöglichkeit. Oder die neue Werkzeugmaschine bietet zwar höhere Schnittgeschwindigkeiten als je zuvor, ist aber so störanfällig, daß Leerzeiten für Reparatur und Wartung dem

Integrierte Produktentwicklung verlangt partnerschaftliches Zusammenwirken nach innen und außen

Erfolgsentscheidende Aktivitäten im Entwicklungsprozeß

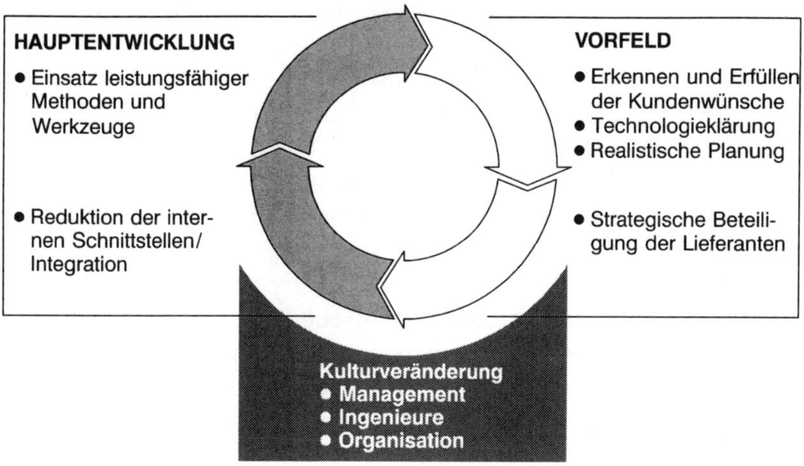

Schaubild 3

Kunden die Freude daran verderben, weil sie letzlich zu höheren Herstellkosten führen. Das sind Beispiele für zahllose andere Fälle, in denen aufwendige Entwicklungsvorhaben im Ergebnis enttäuschen – die Markterfordernisse waren entweder nicht bekannt, oder sie wurden ungenügend berücksichtigt.

Oft sind nur ganz wenige Kundenwünsche, umgesetzt in Leistungsmerkmale, für den Markterfolg eines Produktes entscheidend. Wer kennt und nutzt zum Beispiel die sicherlich über hundert verschiedenen Funktionen seiner Telefonanlage? Wie viele waren für die Kaufentscheidung relevant? Wenn ein Hersteller aus Unkenntnis oder Unsicherheit über die wirklichen Anforderungen des Marktes möglichst alles, was machbar ist, in das Produkt hineinpackt, ist das Ergebnis bei aller Leistungsfähigkeit wahrscheinlich nicht mehr wettbewerbsfähig, weil zu teuer und möglicherweise auch zu kompliziert.

Durch die entstehende Komplexität vergibt er meist die Chance, mit einem Produkt, das in den wenigen relevanten Leistungsmerkmalen wirklich innovativ ist, schnell auf den Markt zu kommen und bei vorübergehender Alleinstellung höhere Margen abzuschöpfen. Außerdem steigert er durch die höhere Anzahl der Produktmerkmale natürlich das Risiko des gesamten Entwicklungsprozesses. Eine Verdoppelung der Komplexität führt erfahrungsgemäß nicht etwa zu einer Verdoppelung des Risikos: Durch die Schnittstellen zwischen einzelnen Produktfunktionen und den Zwang zur Integration – und sei es nur in einem Gehäuse oder einer Software –, steigt das Risiko oft exponentiell und ist manchmal nicht mehr zu beherrschen.

Ebenso schlimm sind kundenspezifische Anpassungen, wenn sie nachträglich für strategisch unwichtige Kunden vorgenommen werden. Erfahrungsgemäß steigern sie zwar den Umsatz, belasten aber Rendite und Liquidität. Bei den Komponentenherstellern etwa sind Änderungen zwar relativ einfach, trotzdem sind ihre Ergebniswirkungen insgesamt negativ. Besonders ausgeprägt ist dies jedoch im

Maschinenbau, wo kundenspezifische Anpassungen vergleichsweise viel Geld kosten, wenig zum Umsatzwachstum beitragen und die Umsatzrendite deutlich schmälern.

Diese Zusammenhänge möglichst genau zu verstehen, ist eine Entwicklungsaufgabe ersten Ranges. Das erwies sich auch bei dem Hersteller eines Diagnosegeräts, dessen Fertigungskosten um 41 Prozent über dem Niveau des führenden Wettbewerbers lagen. Von diesen Mehrkosten ließen sich etwa 22 Prozent auf Konstruktionsunterschiede zurückführen, so daß Design-to-cost-Maßnahmen Abhilfe schaffen konnten; weitere 8 Prozent gingen auf das Konto von Leistungsmerkmalen, für die am Markt ein Aufpreis erzielbar war. Immerhin 11 Prozent des Kostennachteils aber entstanden gerade durch die Leistungsmerkmale, die von den Kunden nicht im Preis honoriert wurden.

Die besten Unternehmen kennen diese Wirkungsmechanismen für ihre Produkte genau. Sie wissen, daß sie die Konsequenzen schon in der Vorentwicklung ziehen müssen. Denn die zielgenaue Ausrichtung auf die Kundenwünsche ist in der Konzeptphase einfacher und rascher möglich als etwa die Behebung von konstruktionsbedingten Kostennachteilen in der Serienentwicklung.

Damit das Vorfeld diese Rolle ausfüllen kann, muß es zum planerischen Gehirn des Unternehmens werden und entsprechendes Gewicht erhalten. Im Vorfeld müssen klare Entscheidungen über die Entwicklungsrichtung fallen, die aus Kundenwünschen abgeleitet sind und dann im Hauptfeld diszipliniert umgesetzt werden. Für die Besten ergeben sich daraus eindeutige Prioritäten:

⇛ Die Vorfeldarbeiten werden verstärkt
⇛ Die Entwickler lernen aus persönlicher Anschauung den Kundennutzen verstehen
⇛ Der Technologieeinsatz wird vorausschauend geklärt
⇛ In der Entwicklungstaktik wird mit einem Vorgehen in kleinen Schritten der Handlungsspielraum laufend ausgelotet

⇛ Eine analytisch fundierte Entwicklungsplanung macht Risiko und Rentabilität weitgehend berechenbar.

Bei all dem ist klar, daß nur durch Integration des gesamten im Unternehmen vorhandenen Wissens das gewünschte Ergebnis zustandekommt. Vorfeldentwicklungen, die isoliert im Elfenbeinturm stattfinden oder einseitig an die Entwicklungsfunktion gekoppelt sind, leisten diese Integration nicht.

Vorentwicklung verstärken. Mit etwa 16 Prozent ihres gesamten Entwicklungsaufwandes geben die erfolgreichen Maschinenbauer und Komponentenhersteller in Deutschland einen höheren Anteil im Vorfeld aus als die weniger erfolgreichen Wettbewerber mit 12 Prozent. Der Einsatz lohnt sich, denn durch ihn wird die Hauptentwicklung risikofreier, einfacher und besser beherrschbar.

Schon im Vorfeld fließen Informationen aus Wettbewerbs- und Marktbeobachtung zusammen, die als Input für die neuen Produktkonzepte ausgewertet werden müssen. Zum Beispiel liegt meist im Unternehmen eine Fülle von Wettbewerbsdaten vor, sei es aus Beobachtungen auf Messen oder durch ehemalige Mitarbeiter der Wettbewerber im eigenen Hause. Sinnvoll ausgewertet werden diese Daten in der Regel nicht. Wird dies im Zuge der verstärkten Vorentwicklung in Angriff genommen, etwa durch eine eigens dazu eingerichtete integrierte Gruppe, so entsteht hier eine unschätzbare Informationsquelle für alle Bereiche des Unternehmens, und von hier können auch direkt Anstöße für neue Technologiekonzepte oder Produktideen ausgehen.

Bei Abschluß der Vorentwicklung haben drei von vier der erfolgreichen Maschinenbauer und Komponentenhersteller eine Projektstudie mit einem Lastenheft vorliegen, unter den schwächeren Wettbewerbern schafft das nur jeder vierte. Die Erfolgreichen machen allerdings nicht den Fehler, gleich zu Beginn alle Leistungsmerkmale festzulegen, von denen sich viele später noch ändern werden. Lediglich Ausstattungsmerkmale mit langen Entwicklungsvorlaufzeiten werden festgeschrieben, dann allerdings auch nicht mehr geändert – getreu der Devise: so spät wie möglich, so früh wie nötig. Entsprechend kommen die erfolgreichen Hersteller mit durchschnittlich sechs Seiten für dieses Lastenheft aus, die weniger erfolgreichen brauchen 20 Seiten.

Entwickler an die Kundenfront. Wenn der Entwickler mit eigenen Augen sieht, wie der Kunde sich mit dem Produkt abmüht, sagt ihm das mehr, als wenn er es über mehrere Schnittstellen vom Service über Marketing bis zum Vertrieb erfährt. Nicht nur gute Ideen kommen vom Kunden, auch das Aufspüren neuer Segmente mit der Chance, wenigstens über eine gewisse Zeit eine Alleinstellung im Markt zu erreichen, gelingt eher im direkten Kundenkontakt. Der Entwickler muß den Kundennutzen besser verstehen als der Kunde selbst. Nur so kann er auch die bis dahin nur latent vorhandenen Kundenwünsche in eine kreative technische Lösung umsetzen.

Am einfachsten kann der Kundennutzen durch direkte Beobachtung der (potentiellen) Kunden in ihrer täglichen Umgebung festgestellt werden. So sahen Entwickler eines Elektronikunternehmens beim Besuch großer Schallplattenstudios, daß die alten analogen Mischpulte große Auslastungsprobleme hatten. Wenn tagsüber die Philharmoniker unter ihrem Stardirigenten klassische Musik aufgenommen hatten – und der Tonmeister nicht nur seinen persönlichen Geschmack, sondern auch die vom Orchester und Dirigenten gewünschte Klangfärbung durch das Betätigen von zahllosen Reglern mühsam eingestellt hatte –, durfte bis zum nächsten Aufnahmetag das Mischpult im Studio nicht mehr benutzt werden. Es war also unmöglich, mit dem gleichen Mischpult nachts beispielsweise Rockmusik einzuspielen. Die bis zu einer Viertelmillion Mark teuren Einrichtungen konnten also nur einschichtig genutzt werden.

Eine entscheidende Verbesserung brachte erst ein neues Produktmerkmal, das sich per Digitaltechnik einfach realisieren ließ, dessen Bedeutung die Entwickler aber ohne diesen Einblick sicher unterschätzt hätten: Heute können am Ende einer Aufnahme sämtliche Parameter digital abgespeichert werden, und jeder einzelne Toningenieur kann seine »Geschmackskomponente« auf einer Diskette festhalten. Damit ist es möglich geworden, Mischpulte und Studioeinrichtungen innerhalb kürzester Zeit umzurüsten. Die dadurch erreichbare höhere Auslastung – auch in zwei Schichten – machte es möglich, für die neuen digitalen Mischpulte einen deutlich höheren Preis zu erzielen und trotzdem die Wirtschaftlichkeit auch beim Kunden zu verbessern.

Diese konsequente Ausrichtung auf den wirklich entscheidenden Kundennutzen kann nur von den Entwicklern geleistet werden. So ist es beispielsweise bei den japanischen Automobilherstellern üblich, Entwickler von Modellen für den amerikanischen Markt wochenlang in amerikanischen Haushalten leben zu lassen: über Detailbeobachtungen, z.B. das Beladen von Kofferräumen auf Parkplätzen vor Disney-Land oder großen Supermärkten, wird das Produktdesign optimiert. Auch der Aufbau lokaler Design-Studios hilft, eines der wichtigsten Entscheidungskriterien beim Autokauf, das Design, genau auf den lokalen Geschmack abzustimmen.

In der Langzeitstudie der Maschinen- und Komponentenhersteller bestätigte sich, daß die erfolgreichen Unternehmen sich bei der Ideensuche stark am Kunden orientieren. In der Tat war das Gespräch mit Kunden die wichtigste Ideenquelle; weit abgeschlagen folgte die Wettbewerbsbeobachtung und dann erst die Beobachtung der Patentsituation, der Fachliteratur und die Teilnahme an Konferenzen. Die besten Unternehmen blicken quasi mit Radar nach vorn statt in den Rückspiegel. Den schwächeren Wettbewerbern hingegen sind gerade die nach vorne gerichteten Aktivitäten deutlich weniger wichtig. Sie verlassen sich zu oft auf »Me-too«-Strategien und -Produkte, während ihre erfolgreicheren Wettbewerber neue Kunden- oder Technologiesegmente besetzen.

Technologien klären. Vor Beginn der Serienentwicklung sollten möglichst alle Technologien, die in ein neues Produkt eingehen, ihre Funktionsfähigkeit bewiesen haben. So sind in einem neuen Flugzeug der Flügel, das Cockpit oder Teile der Avionik schon in Testflugzeugen oder als Austauschteil bei bestehenden Flugzeugen geflogen. Diese Taktik setzt natürlich voraus, daß das neue Produkt schon mit vernünftiger Modularität geplant wurde – auch dies eine wichtige Vorentwicklungsaufgabe an der Schnittstelle zwischen typungebundener und typgebundener Vorentwicklung.

Die Abstützung auf bereits einzeln erprobte Komponenten und funktionierende Technologien vermeidet unangenehme Überraschungen im Hauptfeld und ermöglicht eine Konzentration der Ressourcen auf die wirklich kritischen Innovationsinhalte. Wer mit ungeklärten Technologien in die Hauptentwicklung eintritt, wird seine Ressourcen dagegen für »Bastel-Lösungen« zersplittern und die geplante Entwicklungszeit, wenn überhaupt, nur mit großen Überschreitungen des Budgets einhalten können. Die zusätzlich benötigten, hoch qualifizierten Ressourcen werden oft aus dem Vorfeld rekrutiert, so daß ein regelrechter Teufelskreis in Gang kommt und auch der Erfolg der nächsten Produktgeneration gefährdet wird.

Neben Grundlagenexperimenten dient auch das Verfolgen paralleler Konzepte im Vorfeld dazu, die Risiken und Überraschungen in der Hauptentwicklung weitgehend auszuschalten. Selbst zwei bis drei alternative Konzepte, einschließlich einer ausgesprochenen Niedrigkosten-Lösung, im Vorfeld auszutesten, ist fast immer günstiger, als hier zu sparen. Zu groß ist sonst das Risiko, später in der Serienentwicklung auf eine bisher unerprobte Alternative überwechseln zu müssen.

Innovationstaktik der kleinen Schritte. Die Taktik kleiner Innovationsschritte – bei der Hälfte der erfolgreichen Maschinenbauer und Komponentenhersteller praktiziert, aber nur bei 18 Prozent der weniger erfolgreichen – hat eine ganze Reihe Vorteile. Sie macht es möglich, sich den Kunden häufig mit Verbesserungen in Erinnerung zu bringen, die für den Anbieter unaufwendig sind, dem Kunden aber spürbaren Nutzen stiften. Auch überfordern die kleinen Schritte nicht die Entwicklungsmannschaft, denn sie bauen auf dem bisher Erreichten auf, und die allerletzte technologische Neuerung kann auch einmal bis zur nächsten (immer kurz bevorstehenden) »Generation« aufgehoben werden; die Entwicklungsabläufe können einfacher gehalten werden.

Entwicklung in kleinen Schritten erlaubt außerdem ein besseres Abtasten der maximal möglichen Innovationskurve. Unternehmen, die dieser Taktik folgen, haben über längere Zeit das bessere Produkt am Markt. Sie steigern ihren Produktnutzen pro investierte F&E-Mark schneller als Wettbewerber, die auf große Entwicklungssprünge setzen. Und sie merken früher, wenn der Grenznutzen bestehender Technologien abfällt (Schaubild 4). Unternehmen mit langen Entwicklungszyklen hingegen laufen immer Gefahr, sich noch um einen Quantensprung zu bemühen, wenn es technologisch gar nicht mehr möglich ist und sich auch nicht mehr rechnet – wie die Schiffbauer der ausgehenden Großseglerzeit, die nicht verstehen wollten, daß von einem bestimmten Punkt an ein weiterer Fuß Länge oder noch ein zusätzlicher Mast kaum noch Steigerung der Geschwindigkeit bringen konnte.

Wer mit der Taktik kleiner, schneller Schritte Erfolg haben will, muß die unterschiedlichen Lebenszyklen der wichtigen Komponenten seines Produktes kennen. So halten in der Elektronikindustrie die technologischen Grundlagen – etwa Standards wie VHS oder CD – mindestens fünf bis sieben Jahre, Mechanikmodule (wie z.B. Bandantriebe) müssen nach circa vier Jahren ausgewechselt werden, und die Elektronikmodule (wie z.B. Schaltungen zur Rauschunterdrückung) leben sogar höchstens zwei Jahre.

Eine besondere Ausprägung der Innovationstaktik der kleinen Schritte ist das Spiel mit Eltern und Abkömmlingen (parent/vari-

Häufige, kleine Verbesserungen schöpfen den möglichen technischen Fortschritt besser aus

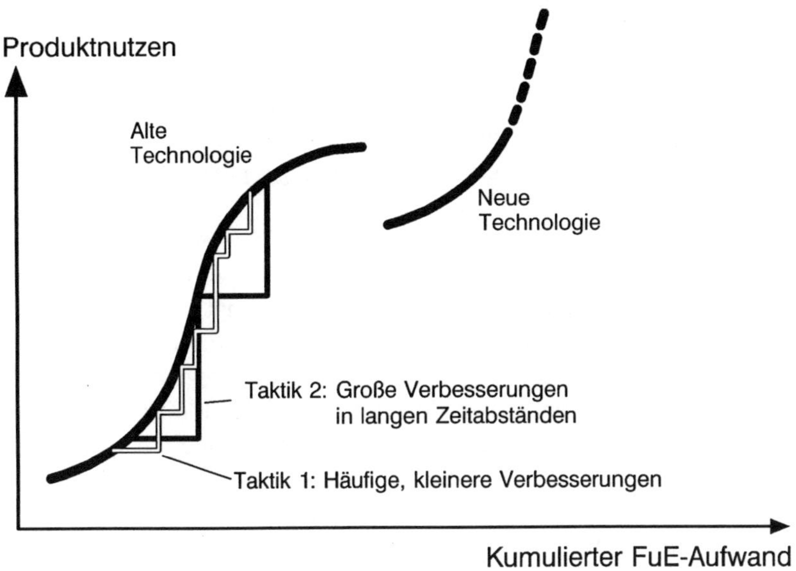

Schaubild 4

ant). Sind für eine Produktentwicklung hohe Vorleistungen an Einmalinvestitionen notwendig, so müssen die Verluste der Elterngeneration mit ergebnisbringenden Abkömmlingen wieder ausgeglichen werden. In der Flugzeugindustrie gibt es praktisch keinen Muttertyp, der aus sich heraus ohne Derivate ein positives Ergebnis gebracht hätte. Die positivsten Ergebnisbeiträge kommen von Varianten, die große Teile bereits erbrachter Entwicklungsleistungen nutzen können und in schneller Folge eingeführt werden. Schon aus diesem Grund ist es sinnvoll, im Vorfeld nicht ein einzelnes Produkt zu konzipieren, sondern eine ganze Produktlinie, die dann in kleinen Entwicklungsschritten realisiert werden kann.

Die schnelle Frequenz kleiner Technologieschritte bedingt eine hohe Flexibilität im Produktanlauf, die nicht etwa durch superteure, vollflexible Produktionseinrichtungen, sondern zunächst durch eine weitgehende Reduzierung der Rüstzeiten erreicht wird. Japanische Automobilproduzenten, zum Beispiel Honda, »üben« darüber hinaus mit neuen Produkten auf den alten Fertigungsanlagen vor dem eigentlichen Produktionsstart. So wird auch die weitgehende Weiternutzung der Fertigungsanlagen für die neuen Produkte möglich, und erhebliche Investitionen können gespart werden.

Die erfolgreichen Maschinenbauer und Komponentenhersteller haben all dies offenbar gründlich verstanden. Bei ihnen korreliert die Taktik der häufigen, kleinen Innovationsschritte eindeutig positiv mit Wachstum und Rendite. Um so erstaunlicher ist es, daß viele der Unternehmen diese Vorgehensweise keineswegs als besondere Stärke sehen; eher tendieren sie dazu, ihre vielen kleinen Verbesserungen im Produktnutzen zu »Releases« zu bündeln – genau die Entwicklungstaktik, die bisher die weniger Erfolgreichen kennzeichnet. Allein der Koordinierungsaufwand, den Release-Bündel – und ihre häufigen Änderungen – mit sich bringen, widerspricht der Einfachheit. Und das Vorgehen in »Quantensprüngen« schafft einen Teil jener Verwundbarkeit, die Hersteller mit großen Verbesserungssprüngen in langen Abständen so anfällig macht.

Die erfolgreichste Taktik – jedenfalls bei Maschinenbauern und Komponentenherstellern – scheint zu sein, jedesmal wenn ein neuer Kundennutzen eine »Hörschwelle« beim Kunden überschreitet, ein Produkt mit diesem innovativen Merkmal anzubieten. Mikro-Verbesserungen, die nicht sichtbar werden, und Makro-Änderungen mit dem Versuch riesiger Sprünge scheinen weniger erfolgversprechend zu sein als der kontinuierliche Strom solcher echten Verbesserungen in einzelnen Merkmalen des Kundennutzens.

Entwicklungsplanung mit Realitätssinn. Bei ungeschönter Zuordnung von Kosten werden einige Produktentwicklungen schon vor der Markteinführung so unprofitabel, daß die Verluste das Unternehmen gefährden können. Wenn, wie in der Automobilindustrie, die Entwicklungskosten eines neuen Modells fast dem halben Eigenkapital entsprechen oder, wie im Flugzeugbau, sogar noch höher sind, geht ein Fehlschlag an die Substanz. Weit schlimmer als die »verlorenen« Entwicklungskosten wirken sich dann Umsatz- und Zeitverlust aus. So schnell, wie der Umsatz des nicht optimal entwickelten Produktes wegbricht, können die Kostenstrukturen gar nicht angepaßt werden. Und die Vorlaufzeiten, ein alternatives Produkt zu entwickeln, sind oft quälend lang.

Unternehmen, die auch unter dem Druck schrumpfender Lebenszyklen immer wieder erfolgreich neue Produkte einführen, schaffen das nicht zuletzt mit Hilfe einer durch und durch realistischen Entwicklungsplanung: Sie schätzen nüchtern und treffsicher ein, welche Faktoren die Produktprofitabilität beeinflussen, wo die eigene Position im Wettbewerb liegt, und wie hoch das Einführungsrisiko zu veranschlagen ist.

Von den vielen Möglichkeiten, die *Produktprofitabilität* zu beeinflussen, scheinen die meisten (wie etwa Investitionen, Personal- und Materialkosten) bekannt zu sein, wenngleich kaum irgendwo konsequent in voller Breite genutzt. Andere Ansatzpunkte, etwa Standortfragen oder Arbeitszeitveränderungen, werden aus Furcht vor neuen Herausforderungen gern für unbeeinflußbar erklärt. Der wohl wichtigste Stellhebel aber, die Einfachheit – oder auch überhöhte Komplexität – hingegen wird von traditionellen Management-Informationssystemen nicht abgebildet und deshalb fast nie bewußt eingesetzt. Die jüngste Ankündigung von Nissan Motor, die Anzahl Teile in ihren Fahrzeugen in den nächsten drei bis fünf Jahren um 30 Prozent zu verringern, könnte da neue Maßstäbe setzen.

Wer regelmäßig mit Produkteinführungen Erfolg hat, verzettelt sich nicht im Bemühen, alle denkbaren Erfolgsfaktoren gleichzeitig optimal zu erfüllen. Die Besten stellen sich auf die Kostenstruktur ihrer Branche über den Produktlebenszyklus ein. Sie wissen genau, wo mit geringstem Einsatz die größten Effekte zu erzielen sind, und sie beherrschen das Spiel mit diesen »Sensitivitäten«.

Zum Beispiel ist in der Automobilindustrie mit ihren hohen Stückzahlen die Senkung des Materialeinsatzes und der Stückkosten der Schlüssel zu mehr Profitabilität; das Management der variablen Kosten gibt den Ausschlag. Im Flugzeug-, Halbleiter- oder Telekommunikationsbereich wird die Wirtschaftlichkeit vor allem durch hohe Vorabinvestitionen belastet; hier ist die Reduzierung der F&E-Kosten oder ihre Verteilung auf mehrere Partner der Hauptansatzpunkt.

In der Unterhaltungselektronik schließlich ist in den meisten Fällen das frühe Erreichen des Marktes entscheidend; je länger sich die Produkteinführung hinauszögert, desto kürzer wird die Periode, in der Pioniergewinne abgeschöpft werden können. So hat zum Beispiel bei Autoradios mit digitaler Frequenzanzeige in den 80er Jahren der erste Wettbewerber am Markt nicht nur Marktanteile gewonnen, sondern auch Preisprämien von zehn bis 15 Prozent erzielen können. Der zusätzliche Cash-flow aus dem Aufpreis in der Zeit der Alleinstellung genügte schon, die gesamten Entwicklungskosten einzuspielen.

Nur wenn sie mit den entscheidenden, sensitivsten Parametern in der Nähe des *Wettbewerbsstandards* stehen, lassen sich erfolgreiche Unternehmen auf das Wagnis einer Produktneueinführung ein. Was ist einfacher, als sich an dem auszurichten, was der weltbeste Wettbewerber schon geleistet hat? Trotz besseren Wissens wird aber oft gegen diese naheliegende Maßgabe gehandelt. So ist zum Beispiel durchaus bekannt, daß bei Commuter-Flugzeugen über den Lebenszyklus bestimmte Mindeststückzahlen abgesetzt werden müssen oder daß bei Autos kurze Entwicklungszeiten und wettbewerbsfähige Fertigungskosten die Eintrittskarte in profitable Märkte sind. Und dennoch werden Flugzeugprogramme aufgelegt, deren Marktpotential für jeden neuen Teilnehmer nur unprofitable Stückzahlen zulassen kann. Oder es werden Diagnosegeräte mit einem Leistungsumfang definiert, der nur zu so hohen Kosten erreichbar ist, daß sie das breite Marktsegment der niedergelassenen Ärzte verfehlen und in dem viel kleineren Segment der Krankenhäuser nie eine gewinnbringende Stückzahl erreichen können.

Kritisches Hinterfragen, Messen der eigenen Aktivität am Weltstandard und der Mut, rechtzeitig Entscheidungen zu fällen, auch wenn sie unangenehm sind, vereinfachen den Entwicklungsprozeß und machen ihn leistungsfähiger und ertragreicher. Diese realistische Einschätzung der Wettbewerbsposition zeigt auch die Analyse der Produktparität bei erfolgreichen Maschinenbauern und Komponentenherstellern. So geben Entwicklungsleitung und Geschäftsführung erfolgreicher Unternehmen unisono den Umsatzanteil eigener Produkte, die den Wettbewerbsprodukten überlegen sind, mit knapp über 50 Prozent an. Bei den weniger erfolgreichen Unternehmen sieht die Entwicklungsleitung diesen Prozentsatz bei fast 70 Prozent und befindet sich damit im Widerspruch zur Einschätzung der gesamten Geschäftsleitung mit nur knapp 40 Prozent.

Das *Risiko* bei der Einführung neuer Produkte entsteht in erster Linie aus der Unsicherheit über Potential und Kosten. Erfolgreiche Wettbewerber schaffen es, die Stellhebel, die am stärksten die Produktprofitabilität beeinflussen, genau zu überwachen und zu managen. Da wird eine Entwicklung nur angefangen, wenn genügend Kaufoptionen vorliegen und damit eine Mindeststückzahl gesichert ist. Oder Ingenieure der Kunden sind stark in die Entwicklung einbezogen um sicherzustellen, daß die Produktspezifikationen genau erfüllt werden. Ist die Komplexität der Hauptstellhebel, werden in der Entwicklung kleine Teams aufgestellt, die für jede Komponente die Gleichteileverwendung untersuchen und steigern. Oder es werden mit Wahrscheinlichkeitsüberlegungen die riskantesten Entwicklungskomponenten herausgefiltert und diese werden vom Management besonders beobachtet und gesteuert.

Weitere, sehr einfache Ansätze zur Risikobegrenzung bestehen darin, den Aufwand durch zwei konservative, aber wirksame Maßnahmen zu verringern: Das Teilen der Einmalaufwände, zum Beispiel durch Kooperationen, Joint Ventures oder staatliche Förderung, oder die Verwendung bereits bezahlter Komponenten oder Verfahren aus vorangegangen Programmen.

Ebenfalls sehr einfach und wirksam, aber leider viel zu selten angewandt, ist das rechtzeitige Abbrechen von Projekten, wenn erkennbar wird, daß sie keine Aussicht auf Erfolg haben. Ein spektakuläres Beispiel für die fatalen Folgen, die eintreten können, wenn das Einfachste viel zu spät getan wird, ist der Fall »Lockheed Tristar«: das neue Flugzeug, dessen Projektierung 1969 begann, sollte bei 300 Stück die Gewinnschwelle erreichen. Von vornherein problematisch war die weitgehende Identität der Konzeption mit der Parallelentwicklung DC 10 von McDonnell-Douglas. Als Rolls-Royce vier Jahre später nach Problemen mit dem Triebwerk vor dem Bankrott stand und Lockheed nur mit staatlicher Hilfe überleben konnte, wäre es an der Zeit gewesen, das Projekt mit einem Verlust von ca. 0,4 Milliarden US-Dollar und Abbruchkosten von ca. 0,3 Milliarden abzubrechen. Stattdessen wurden die Projektionen geschönt, und eine neue Break-even-Stückzahl von ca. 500 verkauften Flugzeugen wurde als erreichbar eingestuft – obwohl mit der DC 10 ein praktisch gleiches Flugzeug auf dasselbe Marktsegment zielte.

Als die Produktion 1982 schließlich eingestellt wurde, hatte man gerade 244 Maschinen verkauft. In 13 Jahren war der Verlust auf ca. 2,5 Milliarden Dollar angewachsen, zuzüglich ca. 0,4 Milliarden für den späten Abbruch. Das bedeutete für Lockheed den Abschied aus dem zivilen Flugzeugbau. Die einfache Lösung, eine mutige frühe Entscheidung, hätte diese Weiterungen möglicherweise vermeiden können.

Externe Lieferbeziehungen: Strategische Aufgabenteilung

Große Entwicklungstiefe, ebenso wie große Fertigungstiefe, ist nicht per se gut oder schlecht. Erfolgreiche Unternehmen mit effizienter Entwicklung kaufen tendenziell wenig Entwicklungsleistung zu. Unternehmen, die diese operative Effizienz nicht haben, suchen sich Entwicklungspartner, um von ihnen Teile und Komponenten entwickeln zu lassen. Es kommt darauf an, sich sowohl die eigenen Stärken als auch die der Lieferanten gezielt zunutze zu machen. Im Extremfall geht das bis zur Auslagerung ganzer Funktionen.

Entscheidungen über die Entwicklungstiefe sind von großer Tragweite, auch über die Entwicklungsfunktion hinaus. So können Zielvorgaben des Managements für die Entwicklungstiefe die strategische Ausrichtung des gesamten Unternehmens prägen. Und Entscheidungen über die Entwicklungstiefe nehmen oft die Festlegung der Fertigungstiefe vorweg, denn ein Teil, das nicht mehr im Haus entwickelt wird, ist mit großer Wahrscheinlichkeit auch für die interne Fertigung verloren.

Wegen dieser Bedeutung sollten Entscheidungen über die Entwicklungstiefe nicht ausschließlich den unmittelbar Betroffenen überlassen werden. Vor allem aber muß sichergestellt sein, daß die Gestaltung der Entwicklungstiefe alle wesentlichen Elemente umfaßt. Dazu gehört es, zunächst eine leistungsfähige Struktur von Entwicklungslieferanten aufzubauen und im eigenen Haus die Voraussetzungen für eine effiziente Zusammenarbeit zu schaffen. Dabei müssen die Lieferanten von Anfang an in die integrierte Produktentwicklung einbezogen werden (Schaubild 5).

Lieferantenstruktur straffen. Beschränkung der Zahl von Zulieferern verringert die Kosten, schafft vor allem aber neue Möglichkeiten für intensivere und wirksamere Zusammenarbeit.

Die integrierte Produktentwicklung bezieht Lieferanten von Anfang an ein

Zusammenarbeit mit Lieferanten

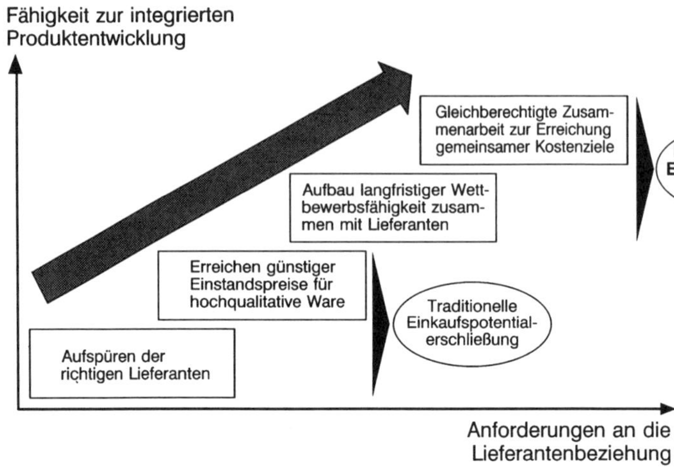

Schaubild 5

Elf Prozent ihres gesamten Entwicklungsaufwandes geben die erfolgreichen Maschinenbauer und Komponentenhersteller in Deutschland für Fremdentwicklung aus. Bei den weniger erfolgreichen Wettbewerbern ist der Anteil ebenso hoch. Der Unterschied liegt im Inhalt der Entwicklungsaufträge: Während die Erfolgreichen ganze Baugruppen nach außen vergeben, lassen die Schwächeren eher Einzelteile fremd entwickeln. Damit entstehen eine Unzahl schwer zu beherrschender Schnittstellen zu einer Vielzahl von Lieferanten und ein schwerwiegendes Erfolgshemmnis, da sich die erheblichen Design-to-cost-Potentiale so nur sehr unvollständig realisieren lassen.

Langfristig muß eine Struktur von Entwicklungslieferanten in günstiger Entfernung aufgebaut werden. Nur Dinge, die sich vollständig spezifizieren lassen, zum Beispiel elektronische Komponenten mit wenigen Schnittstellen wie etwa Telefonendgeräte, können problemlos in weiter entfernten Niedrigkostenländern entwickelt und gefertigt werden. Auch hier kann es allerdings sinnvoll sein, nicht schon bei den ersten Qualitätsproblemen zu kapitulieren und auf die Zusammenarbeit zu verzichten. Mit etwas Geduld und gemeinsamen Programmen zur Qualitätsverbesserung lassen sich mit Low-cost-Lieferanten oft überraschend einfache und effiziente Beziehungen aufbauen.

Entwicklungs- und Fertigungstiefe koppeln. Wird eine Funktions- oder Baugruppe selbst entwickelt, werden dafür fast immer neue Fertigungen eingerichtet. Bei Ablösung durch ein neues Modell steht die Entwicklung unter Druck, auch die neue Komponente wieder intern und in den bestehenden Kostenstrukturen fertigen zu lassen.

Nicht weniger gefährlich als undifferenziertes Selbermachen ist das andere Extrem – die Entscheidung für einen Lieferanten, der verlokkend schnelle Entwicklung bietet, mit den Fertigungskosten aber zu hoch liegt. Um sich in dieser Situation nicht auf eine überteuerte Fremdfertigung festzulegen, sollte das Leistungspaket zerlegt werden: Die Entwicklungsleistung wird getrennt honoriert, so daß für die Serienfertigung noch Spielraum für Verhandlungen mit anderen Lieferanten besteht, auch wenn dieser Freiheitsgrad nur in seltenen Ausnahmefällen genutzt werden sollte.

Gemeinsam entwickeln. Die erfolgreichen Unternehmen zeichnen sich in ihrer Fremdentwicklung nicht nur durch die wesentlich geringere Anzahl Lieferanten aus, sie verstehen es auch, die verbleibenden Zulieferer in die Rolle des gleichberechtigten Entwicklungspartners hineinwachsen zu lassen. Diese Beziehungen beginnen sehr früh, mit der gemeinsamen Ausarbeitung von Spezifikationen, so daß die gesamte Know-how-Basis des Zulieferers ausgeschöpft werden kann, und umfassen die regelmäßige Abstimmung über den Entwicklungsfortschritt.

Dabei vermeiden sie den Kardinalfehler der weniger Erfolgreichen, die mangels Ressourcen oder Know-how die gesamte Systementwicklung, also den strategisch wichtigsten Teil ihrer Entwicklung, nach draußen vergeben. Damit wird zwar vieles vordergründig einfacher, aber die Know-how-Basis des Unternehmens geht verloren oder kann gar nicht erst entstehen.

Erfolgsmuster, das wissen die Spitzenunternehmen, ist nicht die Fremdvergabe einzelner Teile oder der Schlüsselaufgabe Systemintegration, sondern die Vergabe vollständiger Subkomponenten. Außerdem muß eine geregelte Fortschrittskontrolle an bestimmten Punkten die Fremdentwickler zur Disziplin zwingen. Eine solche intensive Zusammenarbeit bringt im Ergebnis meist sogar bessere Termin- und Spezifikationstreue als die ausschließliche Entwicklung im eigenen Haus.

Interne Beschaffungskompetenz stärken. Die typische Einkaufsabteilung ist funktional von der Entwicklung getrennt, und sie ist mit Kaufleuten ohne technisches Know-how besetzt. Da dort aber im Durchschnitt 50 Prozent der Kosten des fertigen Produktes – nämlich der Materialeinsatz – bestimmt werden, ist es gerade für Technologie-bestimmte Unternehmen erfolgsentscheidend, daß Einkauf und Entwicklung konstruktiv zusammenarbeiten.

Als besonders wirksam erweist sich dabei die Job Rotation von Entwicklern in die Einkaufsfunktion und zurück oder auch der gemeinsame Einkauf durch ein gemischtes Projektteam aus Einkauf, Entwicklung und Fertigung.

Hauptentwicklung: Schnittstellen abbauen

Durch die verstärkte Vorentwicklung sind die erfolgreichen Maschinenbauer in der Lage, mit schlankerem Hauptfeld auszukommen, das aber besser ausgestattet ist. Sie setzen auf Qualität statt Quantität. Die Aufwendungen für Neuentwicklung sind insgesamt in Prozent vom Umsatz zwar nur halb so hoch wie bei den weniger erfolgreichen Unternehmen, mit jährlich 205.000 DM pro Entwicklungsmitarbeiter aber deutlich höher als bei den weniger erfolgreichen Konkurrenten (136.000 DM).

Zu Beginn der Serienentwicklung sind bei den Spitzenunternehmen die gravierendsten Entwicklungsrisiken ausgeräumt. In der Phase der Vorentwicklung hat man unermüdlich den Kundenwünschen nachgespürt, man hat sie möglichst weitgehend schon in technische Konzepte übersetzt, und die Aufgabenteilung zwischen Eigenentwicklung und Zulieferern ist angelaufen. Ab jetzt geht es darum, die für gut befundenen Lösungen konsequent und effizient in das fertige Produkt umzusetzen.

Mit dieser Änderung der Aufgaben zwischen Vor- und Hauptentwicklung verändern sich zum Teil auch die Bedingungen, unter denen gearbeitet wird: War die Vorentwicklung geprägt von möglichst viel Freiraum für Kreativität und breit angelegter Ideensuche, verbunden mit hoher Toleranz für Fehler und Fehlschläge, so sind von der Hauptentwicklung zügiger Fortschritt, absolute Termintreue und Budgeteinhaltung gefordert. Auch der kleinste Fehler ist hier einer zuviel.

Erhalten bleibt ein anderes Merkmal der Entwicklungsarbeit im Vorfeld: die Integration des Wissens und Könnens aller relevanten Funktionen, Instanzen und Ebenen. Sie gewinnt in der Tat eher noch mehr an Gewicht, denn in der Hauptentwicklung fällt auch die Entscheidung über teure Prototypen, Versuchsträger und über die noch aufwendigeren Investitionen in neue Werkzeuge und Produktionsmittel.

Gefördert wird die Integration durch entsprechende Organisationsstrukturen, unterstützt durch fortschrittliche technische Hilfsmittel. Hinzukommen muß jedoch eine Gestaltung des Entwicklungsablaufs, die dazu beiträgt, die Integration auch in den Köpfen der Mitarbeiter zu verwirklichen – zum Beispiel durch kurze Rückkopplungsschleifen und neue Spielregeln für die Personalentwicklung.

Integration per Organisation. Nicht einmal jeder dritte der besonders erfolgreichen Maschinen- und Komponentenhersteller organisiert seine Entwicklungsabteilung noch nach Fachfunktionen. Zu genau wissen diese Unternehmen, daß die klassischen Konstruktionsabteilungen mit nachgeschalteter Versuchsabteilung nicht geeignet sind, die kurzen Innovationszyklen, wie sie heute vorherrschen, zu bewältigen. Zuviele Schnittstellen verursachen zuviel Reibungsverlust. 37 Prozent der Besten haben deshalb eine Organisationsstruktur nach Produktgruppen gewählt, 17 Prozent nach Komponenten wie Mechanik/Elektronik. Von den weniger Erfolgreichen betreiben nur 25 bzw. 8 Prozent ihre Entwicklung in solchen marktnahen Strukturen.

Außerdem können die erfolgreichen Unternehmen ihre Entwickler effizienter einsetzen, weil deutlich weniger Verwaltungs- und Nebentätigkeiten anfallen – die bei den schwächeren Unternehmen im Extremfall bis zu zwei Dritteln der Arbeitszeit in Anspruch nehmen können. Die erfolgreichen Unternehmen beschäftigen ihre Entwicklungsingenieure zu Dreiviertel der Zeit mit produktrelevanten Arbeiten. Das gelingt, obwohl den Entwicklern sehr viel weniger Hilfspersonal zur Seite steht – bis zum Verhältnis von etwa 75 Prozent Fach- zu 25 Prozent Hilfskräften. (Die schwächeren Unternehmen arbeiten mit weit schlechterer bis nahezu umgekehrter Relation.)

Im Prinzip bieten sich neben der Produkt- oder Komponenten-orientierten Organisation zwei weitere Strukturformen an, um integrierte, funktionsübergreifende Entwicklungsarbeit zu fördern. Denn je nach Produkt- oder Branchenbesonderheiten kann auch eine Team-orientierte Organisation oder eine Matrixstruktur durchaus die richtige Lösung sein.

So empfiehlt sich die *Produkt- oder Komponenten-orientierte Organisation* besonders dann, wenn es relativ wenige und klar definierte Schnittstellen zwischen den Einzelprodukten oder -komponenten gibt, wie etwa bei Maschinen- oder Komponentenbauern. Hier sind Gemeinsamkeiten zwischen mehren Produktgruppen selten so ausgeprägt, daß mit übergreifenden Strukturen Synergien genutzt werden können. Hingegen hilft die Ausrichtung nach Produkten oder Komponenten, schon in der Entwicklung durch direkten Marktbezug die Verkaufschancen zu steigern. Allerdings sollte in dieser Organisationsform eine klare Trennung zwischen Vor- und Hauptentwicklung verankert werden, um den oben angesprochenen Kulturunterschieden (unterschiedliche Fehlertoleranz!) Rechnung zu tragen.

Eine *Team-orientierte Organisation* ist vor allem dann günstig, wenn der Erfolgsfaktor Schnelligkeit ist. Exemplarisch dafür sind die SED-Teams (Sales, Engineering, Development) von Honda. In diese integrierten Produktentwicklungsteams entsenden Honda Motor Company (Sales), Honda Engineering Company (Process Engineering) und Honda R&D Company (Development) jeweils ihre erfahrensten Mitarbeiter. Die ernannten Projektmanager dieser Teams wählen ihre Unterprojektleiter, zum Beispiel für den Motor, das Getriebe oder die Fahrwerkentwicklung. Projektmanager und Team halten auch den Kontakt zu den Lieferanten.

Ein Nachteil der Team-Organisation bestätigt sich allerdings immer wieder: Sie verführt zur Einzeloptimierung – so etwa wenn für das sportliche Modell, um die windschlüpfige Haube zu ermöglichen, der Zylinderkopf einige Millimeter niedriger ausgelegt wird als im Motor für die entsprechende Limousine. Diesem Hang zu weniger Gleichteileverwendung zwischen einzelnen Modellen, und damit zu kostentreibender Komplexität, gilt es konsequent gegenzusteuern.

Einen Abgleich versucht die *Matrix-Organisation,* wie zum Beispiel von Toyota praktiziert: Die eine Achse bildet das Product Planning Office mit einem General Chief Engineer an der Spitze und darunter den Chefingenieuren als Produktmanager für die einzelnen Modellreihen, im Rang vergleichbar mit einem Direktor eines deutschen Unternehmens. Auf der anderen Achse der Matrix sind die funktionalen Design and Evaluation Departments – zum Beispiel Styling, Body, Engine, Safety, Emission oder Noise – angesiedelt. Der Vorteil, der mit der komplizierteren Konstruktion erkauft wird: Modellübergreifender Erfahrungsaustausch und Nutzung von Synergien. So müssen z.B. die Dämmatte und die schallschluckende Auslegung von Bauteilen nicht von jedem Projektteam neu erfunden werden. Trotzdem behält der Projekt-Chefingenieur die Kontrolle und bleibt über den gesamten Lebenszyklus für den Erfolg seiner Baureihe verantwortlich.

Diese komplexe Struktur lohnt sich jedoch nur, wenn wirklich echte Synergien ausgeschöpft werden können, was nur in seltenen Fällen und bei sehr ähnlichen Marktanforderungen gegeben ist. So wählten auch Toyota für das Luxusmodell Lexus und IBM für den PC eine stärker produktorientierte Organisation, weil offensichtlich die stärkere Kopplung an die unterschiedlichen Marktanforderungen höher bewertet wurde als die vermeintlichen Synergiepotentiale.

In allen diesen Strukturen unterstützen die besten Unternehmen die Zusammenarbeit ganz gezielt auch durch technische Hilfsmittel. So etwa im Konstruktionslabor von Rank Xerox, wo auf zwei großen Monitoren die Entwürfe aller dort arbeitenden Spezialisten für jeden gut erkennbar zur Diskussion gestellt werden können. Diese Terminals haben darüber hinaus Zugriff auf die weltweiten Ingenieurdatenbanken.

Kurze Rückkopplungsschleifen. In der Hauptentwicklung geht es darum, die Produktfunktionen weitestmöglich zu verbessern und gleichzeitig die Konstruktion zu vereinfachen. Dazu arbeitet das

Team die Produktfunktionen, die bereits in der Vorentwicklung aus den Marktanforderungen abgeleitet wurden, im Detail aus, optimiert sie, vereinfacht anschließend die Konstruktion und erstellt ein Prozeßkonzept. Dann folgt die eminent wichtige Rückkopplung: die nochmalige Anpassung der Konstruktion je nach den Erfordernissen des Prozesses (Schaubild 6).

Diesen Gesamtzyklus durchläuft das Team mehrmals und treibt damit die Verbesserung der Produktfunktionen stetig voran, ohne besonders aufwendige Produktionsprozesse entstehen zu lassen.

Je kürzer diese Rückkopplungsschleifen sind, desto schneller und nachhaltiger wirken sie sich aus. Dies führt in den Teams aus Entwicklern, Produktionsplanern und -vorbereitern zu so kurzen Rückkopplungsprozessen, daß der Übergang zu einem echten »simultaneous engineering« stattfindet.

Laufende Verbesserung und Rückkopplung im Entwicklungsablauf optimiert Produkt und Prozeß

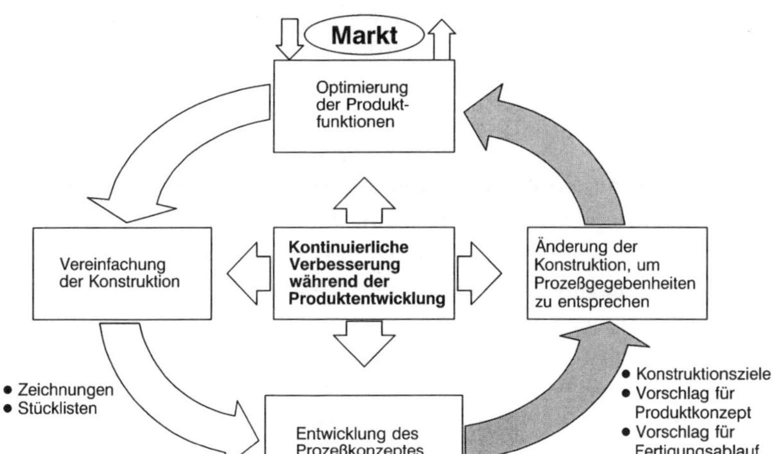

Schaubild 6

Grobe Versionen dieser Rückkopplungsschleifen sind bereits in der Vorentwicklungsphase durchlaufen worden, so daß auch beim Prozeßkonzept kaum mit großen Risiken zu rechnen ist.

Neue Spielregeln zur Mitarbeiterentwicklung. Vor allem die Personalentwicklung und Karriereplanung muß entscheidend dazu beitragen, daß die angestrebte Integration in der Entwicklungsarbeit Wirklichkeit wird. Maßgeschneiderte Strukturen und Abläufe werden daher in den besten Unternehmen häufig durch neue Spielregeln gerade in diesem Bereich verstärkt. Sie zielen auf die Hauptressource der Entwicklung, die Qualifikation und Motivation der Entwickler.

In Japan hilft dabei, daß durch die zwei- bis dreimal schnelleren Entwicklungszyklen auch die Lernleistung der Entwicklungsabteilungen und -ingenieure stärker gefordert wird. Während ein 40jähriger Ingenieur in der deutschen Automobilindustrie nach seinem Berufseintritt mit ca. 28 Jahren gerade eineinhalb Autos entwickelt hat, kann sein japanischer Kollege, der mit ca. 24 Jahren ins Berufsleben getreten ist, bei einer Entwicklungszeit von ca. vier Jahren bereits vier komplette Autos entwickelt haben, bevor er 40 wird.

Ebenfalls im Vergleich zu Japan stoßen einige der wirksamsten Regeln allerdings in Deutschland auf kulturbedingte Hindernisse. So scheint nur schwer durchsetzbar, was in Japan gang und gäbe: daß ein Entwicklungsingenieur seine Laufbahn als Produktionsmitarbeiter beginnt. Dabei ist der Gewinn für alle Beteiligten enorm. Der Ingenieur mit dieser prägenden Berufserfahrung wird in seinen späteren Konstruktionen kaum gegen grundlegende Erfordernisse der Produktion verstoßen, die Zwei-Klassen-Gesellschaft aus prestigeträchtigen Entwicklungspositionen und »Second-class«-Ingenieuren der Produktion wird aufgeweicht, und auch der eklatante Mangel an jungen, ideenreichen Führungskräften in der Produktion ließe sich auf diesem Wege deutlich mildern.

Bei uns müssen ehrgeizige Experten, die weiterkommen wollen, meist noch eine Managementkarriere machen – die sie ihre eigentliche Kompetenz verlieren läßt. Erst langsam setzen sich in den besten Unternehmen Expertenkarrieren durch, die nicht mehr von hierarchischen Beförderungen im Management abhängig sind.

Weiter verbreitet ist die Job Rotation. In der Tat war der Umgang mit diesem Instrument einer der auffallendsten Unterschiede zwischen erfolgreichen und weniger erfolgreichen Unternehmen aus der McKinsey-Langzeitstudie: Bei den besten Maschinen- und Komponentenherstellern hatten immerhin 22 Prozent der Fachkräfte schon einmal zwischen Produktion und Konstruktion gewechselt, bei den schwächeren Unternehmen war es gerade ein Prozent.

Neben dem offensichtlichen Nutzen in Form von Know-how und neuen Sichtweisen wird die Personalrotation auch bewußt eingesetzt, um den Beförderungsstau zu mildern. Ein Entwicklungsingenieur kann beim Durchlaufen von Produktion, Einkauf, Vertrieb oder auch Kundendienst alle drei bis fünf Jahre ein neues, interessantes Aufgabengebiet erhalten, ohne jedesmal offiziell befördert zu werden. Mehrere dieser »seitlichen« Stellenwechsel können Vorspiel für einen späteren Aufstieg sein – und sie können dazu beitragen, Overhead-Strukturen überschaubar zu halten. Bei den betroffenen Mitarbeitern vermeiden sie Frustration durch zu langes Verweilen in einer Tätigkeit und die berüchtigte »Tunnelsicht« durch Scheuklappen.

Methoden und Werkzeuge: nicht hinreichend, aber notwendig

Einfache, integrierte Produktentwicklung ist ein Prozeß, den man üben muß und der meist mit einer tiefgreifenden Kulturveränderung im Unternehmen einhergeht. Erfolgreiche Unternehmen geben ihren Ingenieuren Gelegenheit dazu. So lassen sie den Einfluß der Produktentwicklung auf den Kundennutzen und die Kostenposition herausfinden, und sie wecken durch Wettbewerbsanalysen Problembewußtsein und Veränderungswillen (Schaubild 7). Bei all dem können geeignete Methoden und Werkzeuge hilfreich sein – keinesfalls als Allheilmittel, aber zur Erleichterung und Unterstützung von Analyse- und Projektarbeit und zum Einüben der neuen, integrierten Produktentwicklung mit einer ersten Kernmannschaft.

Zum bewährten Instrumentarium, das noch oft zu Unrecht vernachlässigt wird, gehören – in abnehmender Reihenfolge der Wirksamkeit – die Kombination von Reverse Engineering und Wertgestal-

Der Übergang zur integrierten Produktentwicklung bringt eine tiefgreifende Kulturveränderung mit sich

Schritte im Lernprozeß

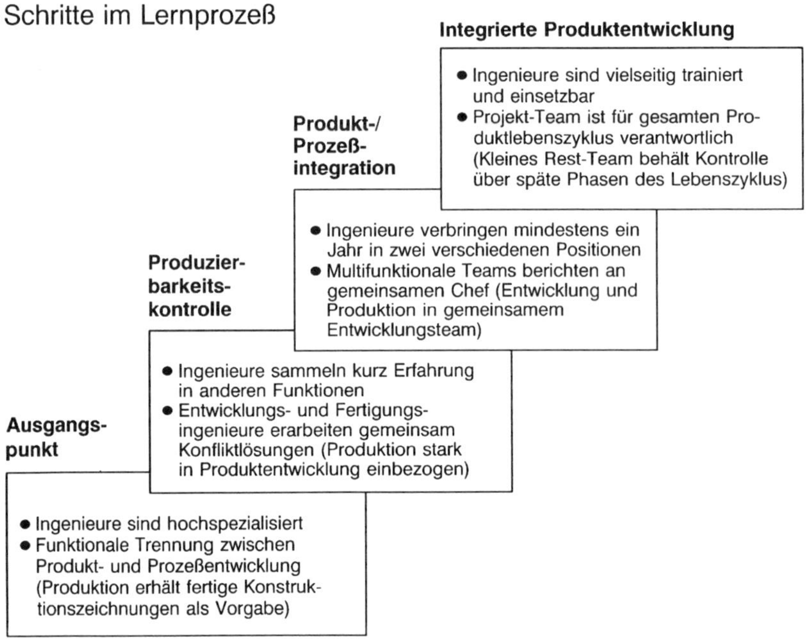

Schaubild 7

tung, die integrierte Produktoptimierung, das parallele Entwickeln kostengünstiger Alternativen, Konstruktionsregeln, Kostenkataloge, Fertigbarkeitsindices und verstärkte Gleichteileverwendung.

Reverse Engineering, kombiniert mit Wertgestaltung. Für die Entwicklung kostengünstiger Produkte ist dies wohl die wichtigste Methode, die ein Entwicklungsteam einsetzen kann. Angewandt auf ein Haushaltsgerät, wurde zum Beispiel im Vergleich mit drei Wettbewerbsprodukten festgestellt, daß sich diese zwischen 1,3 und 3,5 Prozent billiger fertigen ließen. Durch Kombination der kostengünstigeren Konstruktionsmerkmale – etwa dünnere Behälterwände, Schnappverbindungen statt Schrauben, einfachere Verkabelung, einteilige Türdichtungen und Wegfall unnötiger Bauteile – konnte der Hersteller für die nächste Produktgeneration seine Kosten um 6,3 Prozent verringern.

Wertgestaltung steht hier nicht für das Optimieren kleinster Kostenfaktoren am fertigen Produkt. Gemeint ist das »Value Engineering«, das bereits in der Entwicklungsphase die Produktfunktionen und die Kosten ihrer Erstellung hinterfragt und optimiert. Die Hälfte der erfolgreichen deutschen Maschinenbauer setzen diese Methodik ein. Bei den weniger Erfolgreichen ist es nicht einmal jeder Dritte; diese Unternehmen lassen, um Kosten zu senken, eher Spezifikationen weg und verringern damit den Kundennutzen, oder sie gelangen durch unsystematische Überarbeitung des Konzeptes zu einer billigeren Lösung, die aber vor allem die Markteinführung verzögert.

Bei den Komponentenherstellern, deren Produkte oft nur einer Funktion dienen, sind die Ergebnisse der Wertgestaltung weniger spektakulär als im Maschinenbau, und die Anwendung ist entsprechend weniger verbreitet.

Integrierte Optimierung. Ein Hersteller von Diagnosegeräten sparte sechs Prozent der Herstellkosten ein, als er den Kostenblock für das elektronische System von 25 Prozent auf 32 Prozent anwachsen ließ, dafür aber die Mechanik von 51 auf 38 Prozentpunkte senken konnte. Erreicht wurde dies durch den Einsatz einer aufwendigeren Steuerung in der Elektronik, die in Verbindung mit einer Auswertesoftware half, mechanische Bewegungen der Aufnahmekamera einzusparen.

Solche Lösungen funktionieren jedoch nur, wenn die gesamte Produktentwicklung integriert ist. Über funktionale Grenzen hinweg wird man kaum zu einer Optimierung dieser Art kommen. Voraussetzungen sind der frühzeitige Einsatz bereits in der Konzeptphase, der Einbezug aller Subsysteme sowie entsprechende Kostenziele.

Konstruktionsregeln. Bei Honda zum Beispiel sind in der Fertigung von Karosserieaußenteilen höchstens vier Preßstufen zugelassen. Abweichungen von dieser Regel bedürfen der Genehmigung durch den Vorstand. Europäische Hersteller nutzen dagegen für ähnliche Teile ca. sechs bis acht Preßstufen, die erhebliche Mehrkosten für Werkzeuge und beträchtliche Investitionen in sehr teure Großpressen verursachen.

Zu den erfolgreichen Regeln gehören auch Prüfkriterien, die schnell erkennen lassen, ob beabsichtigte Spezifikationsänderungen überhöhte Kosten oder unerwünscht lange Entwicklungszeiten verursachen. Auf diese Weise erreichen japanische Unternehmen, daß der größte Teil ihrer Konstruktionsänderungen sehr früh im Entwicklungsablauf abgeschlossen wird, während zum Beispiel bei amerikanischen Herstellern der Höhepunkt der Änderungen oft nahe beim Fertigungsanlauf liegt. In einem konkreten Fall führte dieser Unterschied dazu, daß der japanische Wettbewerber mit einer einzigen Prototypgeneration auskam, der amerikanische jedoch drei benötigte.

Kostenkataloge. Bei der Auswahl des besten Prozesses ist gerade für die jüngeren Ingenieure ein einfaches Handbuch mit den technologieabhängigen Herstellkosten hilfreich. Wenn der Ingenieur zum

Beispiel weiß, daß Punktschweißen mit der Hand 8 Cent pro Punkt kostet und mit dem Roboter ca. 3 Cent, so wird er grob kalkulieren können, was das von ihm konstruierte Teil in der Fertigung an Kosten verursacht. Kataloge dieser Art mit einfachen Kenngrößen schaffen Kostenbewußtsein und helfen den Entwicklern, die Kostenziele des Produktes zu erreichen.

Fertigbarkeitsindex. Nach einem einfach handhabbaren Index sollte bewertet werden können, wie leicht einzelne Teile, Komponenten und Subsysteme zu fertigen sind. Bei Unterschreiten einer gewissen Schwellenkennzahl sollte ein Redesign vorgesehen werden. Nach einer Weile werden sich die Ingenieure auf die Kriterien des Fertigbarkeitsindex einstellen und, wenn diese richtig gewählt sind, ihre Produkte von vornherein fertigungsgerecht konstruieren können.

Fertigbarkeitsindices müssen allerdings in ihrer Bewertung und Gewichtung individuell den einzelnen Fertigungsabläufen angepaßt werden. So sind es in der Elektronik vielleicht die Anzahl der verwendeten Standardbauteile und der Aufwand für elektrische Verbindungen oder die gewählte Bauelemente-Technologie (SMD gegen PTH), auf die es ankommt. In der Mechanik dagegen sind die entscheidenden Kriterien zum Beispiel der Bearbeitungsaufwand für Einzelteile, gemessen in Anzahl Arbeitsschritten, Anzahl benötigter Montageeinrichtungen, oder auch das Verhältnis Katalogteile zu Spezialteile.

Die Wirkung einfacher Fertigungsindices bleibt begrenzt, sie kann aber auch ausgebaut und gesteigert werden, wenn der Fertigungsindex zum Beispiel verwendet wird, um die Integration der Produktentwicklung voranzutreiben. Das geschieht bei Hitachi, wo der für die Videorecorder-Fertigung entwickelte Montageindex so lange zum Redesign auffordert, bis mindestens 80 von maximal 100 möglichen Punkten erreicht sind. Ein so optimiertes Produkt kann dann problemlos auf der hochautomatisierten Montagelinie gefertigt werden, und die gesamte Entwicklungszeit inklusive Produkt/ Prozeßabstimmung beträgt nur ca. ein Jahr.

Gleichteileverwendung. Sie kann unter anderem durch CAD-Einsatz sichergestellt werden. Falls Varianten unvermeidbar sind, sollte das Hauptaugenmerk darauf liegen, die Vielfalt erst gegen Ende des Produktionsprozesses entstehen zu lassen, um die Kosten niedrig zu halten und die Durchlaufzeiten durch die Fertigung zu reduzieren.

Toyota beispielsweise benötigt für einen Durchlauf vom Gußblock bis zum fertigen und laufenden Motor nicht einmal einen Tag (zwei Schichten). Bei europäischen Wettbewerbern verstreichen für den gleichen Vorgang etwa 8 bis 15 Tage, weil die größere Anzahl der Motorvarianten – die noch dazu früh im Produktionsprozeß geboren werden – und der Zwang, diese Varianten in wirtschaftlichen Losgrößen zu fertigen, zu Puffer-Beständen zwischen den Fertigungsbereichen führen. Dies bringt nicht nur höhere Lager- und Bestandskosten, sondern überdeckt auch die im Prozeß begangenen Fehler. Demgegenüber ermöglicht die japanische Verfahrensweise die fast bestandslose Fabrik, in der Fehler während des Produktionsprozesses abgestellt werden müssen, weil sonst die gesamte Produktionskette von den Vorbetrieben bis zur Endmontage stillsteht.

Alle genannten Methoden und Hilfsmittel bleiben jedoch weitgehend wirkungslos, wenn nicht die Gesamtkosten durch ein transparentes System überwacht werden, das den Status jedes einzelnen Subsystems ausweist und ein frühes Gegensteuern ermöglicht.

Fazit

Integrierte Produktentwicklung erschließt extreme Wettbewerbsvorteile, und zwar gleichzeitig bei Herstell- und Entwicklungskosten, Entwicklungszeit, Innovationsgeschwindigkeit und Entwicklungsqualität. Sie ist wie kein anderer Ansatz geeignet, die Führungsmannschaft zusammenzuschweißen. Allerdings erfordert der Übergang zur integrierten Produktentwicklung auch Ressourcen, die am besten durch das Streichen von Marginalprojekten freigesetzt werden. Die Entwicklung speckt dabei ab, wird einfacher zu managen, und mit dem Verlust des Übergewichts beginnt das Training für die Spitzenleistung.

⇛ *Strategische Konzentration* bündelt das gesamte Wissen und Können im Unternehmen für die Erfüllung der wichtigsten Kundenanforderungen. Dabei sorgt geballter Ressourceneinsatz in der Vorentwicklung für ein weitgehend risikofreies Hauptfeld.

⇛ *Abbau und Vereinfachung von Schnittstellen* wird erreicht durch Integration der Zulieferer und interner Funktionen in Produktentwicklungsteams. Dabei lernen die Entwickler aus persönlicher Anschauung den Kundennutzen verstehen, und in der Entwicklung wird mit kleinen Innovationsschritten der Handlungsspielraum laufend ausgelotet. Pilotprojekte bieten Trainingsmöglichkeiten für das Team, das zum Nukleus der neuen integrierten Entwicklungsmannschaft werden soll.

⇛ Bei den *internen Abläufen* treiben kurze Rückkopplungsschleifen die stetige Verbesserung der Produktfunktionen voran und sichern eine optimale Produkt/Prozeß-Abstimmung.

Der Übergang zur integrierten Produktentwicklung ist nur schrittweise zu erreichen; in der Regel erstreckt er sich über zwei Produktentwicklungszyklen. Auch wenn dieser Zeit- und Ressourcenbedarf auf den ersten Blick sehr hoch erscheint, ist ein solcher Kraftakt des gesamten Unternehmens in vielen Märkten unumgänglich. Die Kosten-, Zeit- und Qualitätsverbesserungen, die das enge Zusammenspiel von Kunden, Marketing, F&E, Einkauf, Produktion, Vertrieb, Service und Lieferanten während der Produktentwicklung ermöglicht, sind nach heutigem Wissensstand auf keinem anderen Weg zu erreichen.

IV. Logistik: Einfachheit durch Differenzierung

Ein einziges Produkt ohne jegliche kundenspezifischen Anpassungen und Varianten; eine Produktdokumentation, die so korrekt und vollständig ist, daß nie eine Änderung notwendig wird; ein Produktionsprogramm, das langfristig festgelegt wird und ebenso langfristig stabil bleibt; nur ein Lieferant pro Teil – und damit insgesamt wenige Lieferanten, die zudem absolut zuverlässig und zeitgenau liefern; Standorte, deren Lage und Auslegung nach den Erfordernissen des Material- und Informationsflusses optimiert sind; auf keiner Stufe irgendwelche Qualitätsmängel; ein Informationsfluß, der jederzeit alle wichtigen Informationen transparent macht, und zwar auf aktuellstem Stand.

So könnte jeder Logistiker seine Idealwelt beschreiben, und sicher könnte er sie mit weiteren Attributen ausschmücken. Wäre sie Wirklichkeit, so hätte nicht nur er selbst ein angenehmes Leben – seinem Unternehmen könnte er wahrscheinlich einen kaum einholbaren Wettbewerbsvorsprung sichern. Denn er könnte die Logistikleistung optimieren, und nachweislich fallen bis zu zehn Prozent der Gesamtkosten von Industrieunternehmen in der Logistik an. Mehr noch: alle drei Dimensionen unternehmerischer Leistungsfähigkeit – Kosten, Zeit und Qualität – werden ganz entscheidend durch die Logistikleistung, die Steuerung der Material- und Informationsflüsse, beeinflußt (Schaubild 1).

Der oben skizzierte Idealzustand, wenngleich nirgendwo voll verwirklicht, ist keineswegs reine Utopie. Das beweisen nicht nur die vielzitierten »schlanken« Japaner, die exakt diese Kostentreiber in der Logistik so gut verstanden haben. Gewiß haben sie den Weg zur Einprodukt-Philosophie konsequent beschritten: Ihre üppig ausgestatteten »Standard«-Automobile brauchen nicht wie europäische

Die Logistik beeinflußt wesentliche Bestimmungsfaktoren von Kosten, Geschwindigkeit und Qualität

Wirkungsbereiche logistischer Leistungsfähigkeit

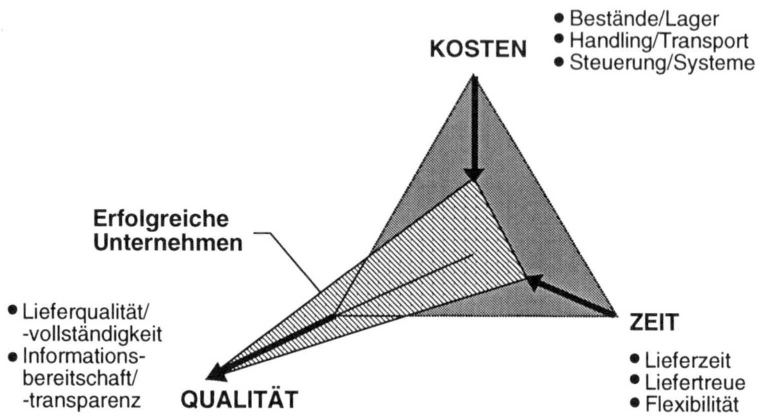

Schaubild 1

Wagen in kundenspezifischer Einzelausführung durch die Montage gesteuert zu werden. Wenn zum Beispiel Honda es schafft, Autos in der Endmontage in Stundenlosen (ca. 60 Stück) zu fertigen, stellt sich die Materialbelieferung als relativ einfache Aufgabe dar: Die Teilebereitstellung geschieht größtenteils auch in 60er Losen, die Transportbehälter sind auf die Lose ausgelegt, die Versorgung der Montageplätze kann quasi im Stundenrhythmus stattfinden, das Risiko des Falschteileeinbaus durch den Mitarbeiter wird praktisch ausgeschlossen.

Ebenso ausgeschlossen sind aber auch komplizierte Bedarfserkennungs- und Bestandsverfolgungssysteme der einzelnen Montagestationen, da die Bestände sowieso die Reichweite von einer Stunde nicht überschreiten.

Wo Produkte mit kundenspezifischen Merkmalen versehen werden, geschieht das möglichst spät im Herstellungsprozeß, so daß Auftragsabwicklung, Teilefertigung und Planungstätigkeiten über weite Strecken »auftragsanonym« bleiben können. Und so weiter.

Doch das Erfolgsmuster ist auch in Europa zu beobachten, wie in der McKinsey-Langzeitstudie der Maschinen- und Komponentenbauer deutlich wurde. So kommen besonders erfolgreiche Unternehmen mit 20 Prozent der Produktvielfalt aus, die weniger erfolgreiche Konkurrenten sich leisten. Acht von zehn ihrer Kaufteile beziehen die Erfolgreichen von jeweils nur einem einzigen Lieferanten, und insgesamt arbeiten sie nur mit halb so vielen Lieferanten zusammen wie die weniger Erfolgreichen.

Unter diesen Bedingungen erzielen die Besten mit ihrer Logistik einen eindrucksvollen Kosten- und Qualitätsvorsprung, vor allem aber Zeitvorteile – das heißt aus Kundensicht deutliche Überlegenheit in den kaufentscheidenden Faktoren Lieferzeit, Liefertreue und Flexibilität:

⇛ *Kurze Lieferzeiten.* Lediglich acht Wochen verstreichen bei den besten Maschinenbauern im Durchschnitt zwischen Auftragseingang und Lieferung; die weniger erfolgreichen Hersteller benötigen doppelt so lange. Dieselbe Relation zeigt sich bei den – naturgemäß kürzeren – Durchlaufzeiten der Komponentenhersteller; hier stehen vier Wochen gegen acht.

⇛ *Hohe Liefertreue.* Erfolgreiche Unternehmen führen möglichst alle Aufträge zum zugesagten Termin in vereinbarter Menge und Qualität aus. Toyota zum Beispiel besteht bei seinen Automobilteilezulieferern auf einer konsequenten Just-in-time-Versorgung der Montagebänder. Kleinteile werden zweimal pro Schicht angeliefert, Großteile bis zu achtmal.
Für einen amerikanischen Käufer von Maschinenanlagen war die hohe Liefertreue von Ersatzteilen eines der wichtigsten Kriterien bei der Auswahl eines europäischen Herstellers. Im regelmäßigen Rhythmus von ca. vier Wochen wurde die komplette Anlage vorbeugend gewartet, zudem stand in der Regel gleichzeitig ein Produktwechsel an, also das Umrüsten der

Maschinen. Der Hersteller, der den Zuschlag erhielt, mußte und konnte garantieren, die angeforderten Ersatzteile vollständig und pünktlich bereitzustellen.

⇛ *Hohe Flexibilität.* Erfolgreiche Unternehmen gehen flexibel auf Forderungen ihrer Kunden ein. So haben sie jederzeit Informationen über den aktuellen Stand der Auftragsbearbeitung parat, was besonders im Maschinenbau mit seinen relativ langen Durchlaufzeiten ein wichtiger Kundennutzen ist. Aber auch Änderungswünsche des Kunden nach Auftragserteilung werden erfüllt, und zwar – und das ist die eigentliche Stärke – ohne das eigene Programm in Beschaffung, Konstruktion und Fertigung aus der Bahn zu werfen.
Den notwendigen Überblick und den Spielraum für Änderungen verschaffen sich die Besten im wesentlichen dadurch, daß sie den Zeithorizont vor allem für ihre Grobplanung deutlich kürzer halten als die weniger erfolgreichen Wettbewerber: Sie vermeiden den Teufelskreis, in dem lange Durchlaufzeiten in lange Planungshorizonte umgesetzt werden, so daß jede Änderung umfangreiche Programmänderungen auslöst.

Auch hier suchen die erfolgreichen Unternehmen in allen drei Dimensionen konsequent nach den »Nutzenschwellen«, also Steigerungen im Servicegrad, durch die sie ihre Wettbewerbsposition am Markt deutlich verbessern können. Ebenso wissen sie aber um die »Indifferenzzonen« der Kunden, nämlich die Bereiche, in denen eine weitere Verbesserung des Servicegrads keinen oder kaum wahrnehmbaren Kundennutzen stiftet.

Zum Beispiel gelang es einem Aggregatehersteller mit großem internen Aufwand, die Durchlaufzeit eines Auftrags um 20 Prozent zu verkürzen. Diese Leistung wurde vom Kunden jedoch kaum honoriert, da bei relativ langen Bestellvorläufen für ihn einzig und allein die tagesgenaue Lieferung wichtig war.

Dagegen verdankt Caterpillar, einer der größten Baumaschinenhersteller der Welt, seine Spitzenstellung seiner exzellenten Ersatzteilversorgung: Weltweit wird die Lieferung jeder Art von Ersatzteil innerhalb von 24 Stunden zugesichert. Das ist in der Bauindustrie, deren Geschäft von der Einsatzzeit sehr teurer Maschinen abhängt, eine der Schlüsselgrößen für den Markterfolg.

Die erfolgreichen Unternehmen erkaufen ihre überragende Logistikleistung keineswegs um den Preis exorbitanter Logistikkosten. Im Gegenteil, ihr Kostenniveau liegt oft unter dem der schwächeren Wettbewerber. So setzen Spitzenunternehmen in den wichtigen Logistik-bestimmten Funktionen wie Einkauf und Disposition bis zu einem Drittel weniger Personal ein. Bei den Bestandskosten profitieren sie von den kürzeren Durchlaufzeiten, beim Steuerungs- und Änderungsaufwand von ihrer hohen Programmstabilität – schließlich gehen häufig bis zu 50 Prozent der Logistikkosten auf das Konto kurzfristiger Programmänderungen mit ihren massiven Auswirkungen auf so unterschiedliche Kostenfaktoren wie Bestände, Lagerflächen, Kapazitätsauslastung, Montagebandversorgung oder Taktung der Bänder, nicht nur in der eigenen Fertigung, sondern oft dann auch beim Zulieferer.

Ihren doppelten Vorsprung in Kundennutzen und Kosten der Logistik verdanken die erfolgreichen Unternehmen letztlich ihrem besseren Kundenverständnis – und ihrem klaren Blick dafür, was eine leistungsfähige Logistik zur Erfüllung der Kundenwünsche beitragen kann. Sie sorgen für eine überschaubare, an Produkten ausgerichtete Standortstruktur und, innerhalb dieser Standorte, eine differenzierte Steuerung der Material- und Informationsflüsse nach Teile- und Fertigungstypen.

Standorte: Zusammen, was zusammengehört

Die beste Logistikleistung, unter Kosten- wie Nutzengesichtspunkten, erzielen diejenigen Unternehmen, die das gesamte Geschäftssystem für ein Produkt, von Entwicklung bis Vertrieb, an einem einzigen Standort ansiedeln – und diesen Standort dann auch ausschließlich auf dieses Produkt konzentrieren. Erfolgreiche Unternehmen sichern sich auf diese Weise handfeste Vorteile durch kurze Wege, überschaubare Informations- und Materialflüsse und Vermeidung von Reibungsverlusten (Schaubild 2). Im Interesse dieser Optimierung scheuen sie nicht davor zurück, gewachsene Strukturen konsequent zu verändern, zum Beispiel durch Expansion auf der grünen Wiese.

Alle Funktionen unter einem Dach. Räumliche Nähe ist sicher kein Allheilmittel, sie trägt jedoch durch physische Vereinfachung wesentlich zu Effizienz und Effektivität bei. Ist zum Beispiel die Konstruktion weit vom Produktionsstandort entfernt angesiedelt, so wird die Abstimmung zeitraubend und umständlich. Selbst in der Einzelfertigung, wo sie besonders oft notwendig ist, findet sie deshalb viel zu selten statt. Auftragsergänzungen oder -änderungen

Erfolgreiche Unternehmen beherrschen die strategischen, auf Einfachheit ausgerichteten Logistikthemen

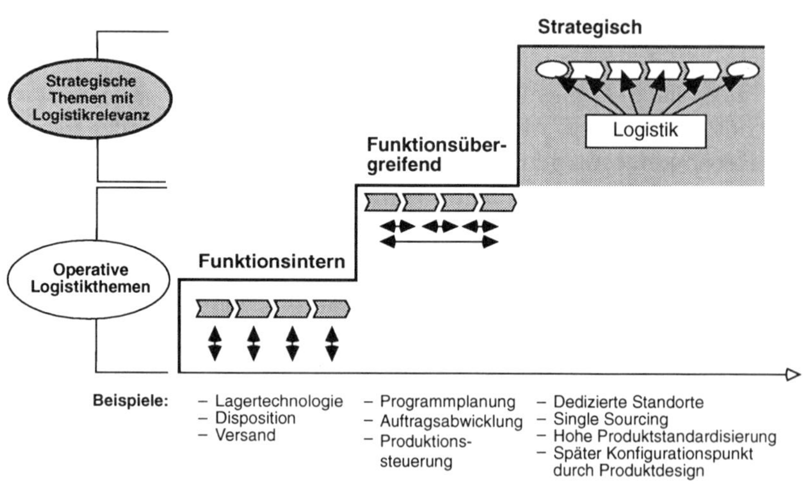

Schaubild 2

des Kunden bleiben zu lange liegen. Und mangels Informations- und Ideenaustauschs kommt auch die Umsetzung konstruktiver Details in ein möglichst effizientes Fertigungsverfahren – d.h. ein wirksames Design-to-cost – nicht zustande.

Ebenso wichtig ist gerade im Maschinenbau die Nähe von Vertrieb und Konstruktion. Wie wichtig, erfuhr ein Maschinenbau-Unternehmen, das sich über Jahre erfolglos bemühte, seine wachsenden Schwierigkeiten bei Lieferzeit und Liefertreue in den Griff zu bekommen. Bei systematischer Analyse stieß man auf eine Hauptursache der vielfältigen Probleme: Im Vertriebsbereich beschränkte sich das Augenmerk der Mitarbeiter darauf, den Kunden zur Unterschrift eines Auftrags zu bewegen; vom internen Informationsfluß war die Funktion weitgehend abgeschnitten. Folglich waren im Angebot an den Kunden – und damit auch im Auftrag – viele technische Details, die für Konstruktion und Fertigung wichtig waren, gar nicht enthalten. Bei Weiterleitung des zwar unterschriebenen, aber unvollständigen Auftrags an die Konstruktion wurden somit aufwendige und langwierige Abstimmungen erforderlich. Sie wurden teils telefonisch, teils brieflich, teils durch nachträglichen persönlichen Kontakt des Konstrukteurs mit dem Auftraggeber herbeigeführt. Bei einer durchschnittlichen vereinbarten Lieferzeit von vier Monaten geriet jeder Auftrag schnell unter Zeitdruck – und die unzureichende Liefertreue bei 80 Prozent aller Aufträge konnte kaum überraschen.

Als daraufhin der Zentralvertrieb in den Konstruktions- und Fertigungsstandort umzog, stellten sich fast augenblicklich spürbare Fortschritte ein. Vertreter von Vertrieb und Konstruktion machten sich in persönlichem Kontakt klar, wie sie sich gegenseitig die Arbeit erleichtern und mehr Erfolg verschaffen konnten. In gemeinsamer Arbeit entstand ein vollständiger und standardisierter Angebotskatalog, der in klar umrissenen Bausteinen die wichtigsten technischen Angaben vom Kunden abfragte. Das Resultat war für jeden Auftrag ein detailliertes Pflichtenheft, das alle notwendigen Details enthielt. Die nachträgliche Auftragskonkretisierung, bisher fester

Bestandteil der Entwicklungsarbeit, konnte entfallen; die Durchlaufzeit ging um über die Hälfte zurück.

Aber auch der Vertrieb profitierte: Dank vollständiger und rasch erstellbarer Angebotsinformationen – die Pflichtenhefte waren als Textbausteine mit allen wichtigen Details auf EDV gespeichert – konnte er dem Kunden selbst bei komplexen Anfragen innerhalb weniger Stunden ein umfassendes Angebot übermitteln. Die Kunden zeigten sich beeindruckt von der Aussagefähigkeit der Angebote und empfanden sie als frühzeitige Hilfe bei der Konkretisierung ihrer Bedürfnisse.

Ein Produkt, ein Werk. Die erfolgreichen Unternehmen haben jeweils nur einen Standort pro Produkt bzw. Produktgruppe eingerichtet. Weniger erfolgreiche Unternehmen setzen dagegen noch überwiegend auf mehrere kleinere Standorte mit nicht oder wenig differenzierten Produktprogrammen. Als wesentliche Vorteile der einfachen Struktur sehen die Erfolgreichen die Überschaubarkeit der Unternehmung, vor allem der Kernprozesse und entscheidenden Stellhebel in den einzelnen Funktionen im Geschäftssystem. Die Fokussierung auf ein Produkt und dessen Haupterfolgsfaktoren erleichtert auf allen Ebenen, vom Management bis zum Mitarbeiter an der Maschine, schnelle Entscheidungen und die Umsetzung von Strategien und Verbesserungsprogrammen.

Auf zusätzliche Differenzierung lassen sich die Erfolgreichen dann ein, wenn das Produktprogramm es erfordert. So entschloß sich ein sehr erfolgreicher Hersteller größerer Anlagen, ein neues Werk für einen Teil einer Produktgruppe zu bauen, weil dieser Bereich über die Jahre zunehmend kundenspezifisch geworden war. Im Gegensatz zum Rest der Produktgruppe wurde hier nicht mehr ausschließlich anonym in Großserie gefertigt, sondern es war notwendig, genau auf spezifische Kundenwünsche einzugehen. Die Aufträge verlangten konstruktive Änderungen, in der Fertigung fielen bei steigender Teilevielfalt zunehmend Einzelaufträge für Teile und

Komponenten an. Auch wenn die Produkte nach wie vor ähnlich waren, es hatte sich ein völlig anderes Geschäftssystem entwickelt.

Dieser »fremd« gewordene Geschäftsteil wurde konsequent in das neue Werk ausgelagert, das – ebenso wie das Stammwerk – alle Funktionen vom Vertrieb über Entwicklung und Teilefertigung bis hin zur Montage umfaßte. Der Aufwand lohnte sich, weil damit eine Vermischung von Großserie und Einzelfertigung in allen Funktionen, vor allem aber in den Köpfen der Mitarbeiter, in den Systemen und der Fertigungstechnologie, verhindert wurde.

Auch innerhalb einzelner Standorte läßt sich eine Differenzierung nach unterschiedlichen Anforderungen des Informations- und Materialflusses verwirklichen. Spitzenunternehmen machen dabei den einzelnen Betrieb zum »Werk im Werk«. Dabei genügt es nicht, die eingesetzten Fertigungstechnologien gezielt auf die jeweilige Baugruppe oder das Teilespektrum abzustimmen. Vielmehr werden auch Planungsaufgaben und Systemsteuerung dem Einzelbetrieb mit seiner spezifischen Fertigungsaufgabe angepaßt. An einem Standort existiert dann zum Beispiel ein Betrieb, der auf die Serienfertigung großer Lose ausgerichtet ist, neben einem anderen, der die flexible Einzel- oder Kleinserienfertigung von C-Teilen betreibt.

Die klare Trennung von Serien- und Einzelfertigung kompletter Produkte, sei es auf Betriebsebene, d.h. durch dedizierte Betriebe an einem Standort, sei es durch Auslegung eines Standortes auf ein bestimmtes Produkt, streben immer mehr Unternehmen an. Läßt sich aufgrund des Produktspektrums nicht in Serien- und Einzelfertigung differenzieren, wie häufig der Fall bei Herstellern von sehr kundenspezifischen Maschinen, wird bei den Erfolgreichen das »Werk im Werk« nach Produktgruppen oder Komponenten ausgerichtet.

Der Teilbetrieb ist nicht auf eine Bearbeitungstechnologie wie Drehen, Fräsen oder Blechbearbeitung ausgelegt. Er ist verantwortlich für die Komplettfertigung einer Baugruppe. In einem solchen Inselkonzept, orientiert an den Komponenten oder Baugruppen des Endproduktes, hat der Inselleiter oder auch Meister mehr Steuerungsverantwortung, aber auch mehr Überblick und Einfluß auf Kosten-, Zeit- und Qualitätsziele.

In beiden Fällen haben die erfolgreichen Unternehmen erkannt, daß die Differenzierung nach den speziellen Erfordernissen oder Konzentration auf Teilprodukte nicht nur Rüst- und andere Steuerungskosten vermeidet, sondern auch Motivation und Leistungsfähigkeit der Mitarbeiter fördert, die im überschaubaren Aufgabengebiet mehr Verantwortung übernehmen und bessere Entscheidungen treffen können. Die Produktivität des jeweiligen Standortes oder Betriebes hat in jedem einzelnen Fall meßbar zugenommen.

Radikale Lösungen auf der grünen Wiese. Die Hälfte der besonders erfolgreichen Unternehmen, das zeigte eine Analyse der Standortstrukturen im Rahmen der McKinsey-Langzeitstudie, operieren in Standorten, die sie während der letzten fünf bis zehn Jahre neu errichtet haben. Dagegen hatte von den weniger erfolgreichen Unternehmen nur jedes zehnte diesen Schritt getan; 70 Prozent hatten ohne Veränderung an ihren traditionellen Fertigungsstandorten festgehalten; zu 20 Prozent ergab sich die Standortstruktur durch Übernahme von Fremdunternehmen.

Damit bestätigte sich auch die Erfahrung, daß gerade Spitzenunternehmen nicht davor zurückschrecken, zur Optimierung des Materialflusses und zur Differenzierung nach unterschiedlichen Geschäftssystemen auf die »grüne Wiese« zu expandieren. Der auslösende Faktor dabei kann – muß aber nicht – ein Wachstumsschub oder eine Erweiterung der Produktpalette sein. Welcher Standort im Endeffekt gewählt wird, entscheidet bei den erfolgreichen Unternehmen nicht zuletzt das Arbeitskräfteangebot in der Region.

Wenn eine »Grüne-Wiese«-Lösung ihren vollen Nutzen aus logistischer Sicht entfalten soll, darf sie nicht ausschließlich darauf abzielen, durch neue, schnellere Maschinen die reine Bearbeitungszeit zu minimieren. Vielmehr muß es ein ausdrückliches Ziel sein, den Material- und Informationsfluß zu beschleunigen und überschaubar zu gestalten. Was dabei zu gewinnen ist, zeigt das Beispiel eines Maschinenbauers, der beim Neubau eines Teilbetriebs in computergestützte, fahrerlose Transportsysteme (FTS) investierte.

In der neu errichteten Kleinteilefertigung mit enormer Teilevielfalt versorgten die Systeme die Maschinen mit Arbeitsmaterial. Unter dem alleinigen Aspekt, die Gabelstaplerfahrer durch Automatisierung einzusparen, wäre diese hohe Investition nicht zu rechtfertigen gewesen. Der konsequente Einsatz der neuen Technologie zur Fertigungssteuerung brachte jedoch viel weitergehende positive Effekte. So waren die Materiallieferzonen vor den einzelnen Bearbeitungsmaschinen bewußt knapp bemessen, und der Arbeitsvorrat betrug maximal den Inhalt von drei Paletten, d.h. die Menge für ungefähr zwei Stunden. Ebenso faßte der Stellplatz für die fertig bearbeiteten Teile nur drei Paletten. Zusätzlicher Platz vor und hinter den Maschinen war nicht vorhanden, wenn man nicht die Fahrwege der FTS-Fahrzeuge zustellen wollte. Diese »aufgezwungene Ordnung« brachte den Mitarbeiter an jeder einzelnen Maschine dazu, seinen Teilebedarf rechtzeitig anzumelden, und der knappe Arbeitsvorrat veranlaßte ihn, die Abarbeitungsreihenfolge der zugeteilten Paletten bzw. Teile strikt einzuhalten. Günstig wirkte sich außerdem aus, daß der Umlaufbestand in diesem Teilbetrieb äußerst gering blieb.

Die Investition in das neue FTS diente also nur vordergründig zur Optimierung der Transportkosten; viel wichtiger war die Verkürzung der Durchlaufzeiten und die Minimierung der Steuerungskosten. Unter Berücksichtigung aller Auswirkungen war der grundlegend neue Ansatz lohnender als eine graduelle Verbesserung innerhalb bestehender Strukturen, etwa durch Investition in Rüsttechnologie oder eine verbesserte Produktionssteuerung.

In einem anderen erfolgreichen Beispiel wurde der neue Teilbetrieb konsequent auf eine »Kanban«-Fertigung ausgerichtet, ebenfalls mit dem Ziel, Durchlaufzeiten und Steuerungsaufwand zu minimieren. Ausgehend von einer relativ geringen Teilekomplexität, erreicht durch ein Produkt-Redesign, waren die Fertigungslose zwischen den einzelnen Bearbeitungsschritten gleich; zudem konnten relativ kleine Ladungsträger verwendet werden. Ergebnis waren dramatisch verkürzte Durchlaufzeiten und der Verzicht auf EDV-gestützte Feinsteuerungssysteme für diese Teilfertigung. Zudem konnten die bisherigen Qualitätsfehler drastisch reduziert werden, da durch die kleinen Regelkreise zwischen den Bearbeitungsschritten Fehler sehr rasch aufgedeckt und behoben wurden.

Steuerung: Treffsicher für jeden Typ

Was für die Standortstruktur die Differenzierung nach Produkten, das kann für die Steuerung der Abläufe die Typisierung von Teile- und Fertigungsarten sein. Hier wie dort wird das vordergründig »einfache« Prinzip der Einheitsbehandlung aufgegeben. Zeit und Kosten sparende Einfachheit wird wirksamer dadurch erzielt, daß Gleichartiges zusammengefaßt und gleich behandelt wird, zwischen verschiedenen Typen von Produkten, Teilen oder Abläufen aber gezielt differenziert wird.

Stringente logistische Typisierung reduziert die Mengengerüste und macht sie überschaubar. Was das bedeutet, ist zum Beispiel für die Beschaffungslogistik auf einen Blick erkennbar: Durchschnittlich 3000 bis 8000 Teilenummern umfaßt das Beschaffungsvolumen eines Maschinenbauers oder Komponentenherstellers. Wird versucht, für das gesamte Spektrum von A- bis C-Teilen alle logistischen Einflußgrößen wie Bestandskosten und Handlingaufwand zu optimieren, entsteht eine Komplexität, die prohibitiv teuer ist und sich außerdem selbst mit aufwendigsten Systemen kaum noch bewältigen läßt. Zielführender ist es, für jeden Teiletyp nur die entscheidende Größe zu optimieren.

Doch auch in der Produktionslogistik ist eine Vereinfachung und Effizienzsteigerung zu erreichen, wenn sich die Steuerung konzentriert: auf Programmstabilität und auf Prozeßstabilität.

A-Teile: Bestand minimieren, C-Teile: Handling minimieren. Eine Analyse der zu beschaffenden Teile zeigt in der Regel, daß zehn bis 20 Prozent aller Zulieferteile über 80 Prozent des wertmäßigen Bedarfs decken. Entsprechend hoch sind hier die Bestandskosten. Für diese Teile muß hohe Verfügbarkeit sichergestellt sein, und gleichzeitig müssen die Bestandsläger- und Flächenkosten minimiert werden.

Am anderen Extrem, bei den C-Teilen – in der Regel bis zu 80 Prozent aller Zulieferteile – spielen die Bestandskosten praktisch keine Rolle. Diese selten gebrauchten Teile machen häufig nur 15 bis 20 Prozent vom Wert der gesamten Roh-, Hilfs- und Betriebsstoffe aus, müssen aber im Bestand gehalten werden, um rechtzeitig verfügbar zu sein. Die wesentlichen Logistikkosten entstehen hier durch das Handling. Unabhängig vom Volumen fallen Transportkosten an, die Ware muß ausgeladen werden, durch die Wareneingangsprüfung laufen – häufig zumindest als Ident-Prüfung –, in das Lager transportiert und eingelagert werden. Die Möglichkeit, Teile ganz gezielt an der Wareneingangsprüfung und am Wareneingangslager vorbei zu schleusen, um sie direkt zu ihrem Verbrauchsort in der Teilefertigung oder in der Montage zu transportieren, besteht bei C-Teilen kaum. Hier ist keine Regelmäßigkeit des Verbrauchs gewährleistet, die Disposition wird häufig nach einem Sicherheitsbestandswert gesteuert, der oft nur über eine zentrale Lagerung kontrollierbar ist.

Nach dieser logistischen Typisierung richten erfolgreiche Unternehmen ihre Disposition. Bei A-Teilen mit hohem Lagerumschlag und hohem Volumenwert bemühen sie sich, die Bestandskosten so niedrig wie möglich zu halten. Sie disponieren wöchentlich, in Einzelfällen sogar täglich oder stündlich, und haben dank dieser hohen Bestellfrequenz eine Bestandsreichweite von rund 20 Tagen. Bei der großen Anzahl der C-Teile – also den seltener gebrauchten Teilen –

konzentriert man sich darauf, den Bearbeitungsaufwand in Disposition, Wareneingang und Lagerhandling zu reduzieren. Hier werden ganz gezielt höhere Bestandsreichweiten von durchschnittlich bis zu 180 Arbeitstagen vorgesehen, denn disponiert wird nur im Monats-, Quartals- und Halbjahres-Rhythmus. Der Aufwand für Kapitalbindung und Flächenbedarf wird so zwar etwas höher, aber das Fehlteilrisiko, das hohe Folgekosten verursachen kann, wird ebenso minimiert wie die Handlingkosten (Schaubild 3).

Weniger erfolgreiche Unternehmen messen dieser Differenzierung der Teilearten nicht solche Bedeutung bei. Mangels einfacher Prioritätsregeln nehmen sie in Kauf, daß der Disponent über das gesamte Teilespektrum den Abgleich zwischen Bestell-, Handling- und Bestandskosten sowie dem Risiko mangelnder Materialverfügbarkeit herstellen muß.

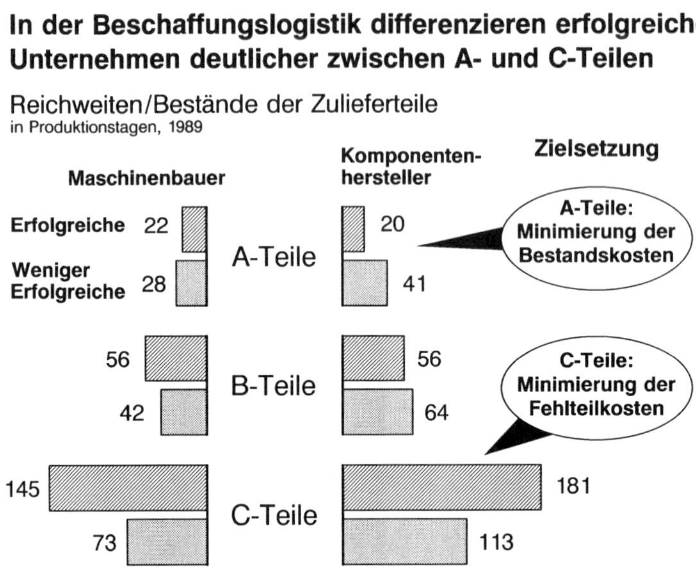

Schaubild 3

Zum Beispiel wurde in einem Unternehmen mit Kleinserienprodukten fast das gesamte Teilespektrum der Produktion im zwei- bis dreiwöchigen Turnus angeliefert. Entsprechend ergaben sich jeweils enorme Belastungsspitzen für sämtliche Wareneingangs-, Handling- und Lagerfunktionen. Die Lieferanten und Spediteure waren verärgert, weil sie zu diesen Zeiten lange Wartezeiten bei der Anlieferung in Kauf nehmen mußten, und das Unternehmen hatte relativ hohe Bestandsreichweiten und entsprechende, auf die Kapazitätsspitzen ausgelegte Handlingkosten.

Durch Differenzierung nach Teiletypen – für die A-Teile Erhöhung der Anlieferfrequenzen auf wöchentlich, zweitägig oder täglich, aber für C-Teile Verlängerung der Bestellrhythmen auf zwei- bis teilweise viermonatige Anlieferfrequenzen – konnten die Logistikkosten drastisch reduziert und der Servicegrad gegenüber dem eigenen Fertigungsbereich erhöht werden. Ein relativ einfaches EDV-System sorgt inzwischen für Neudisposition bei Unterschreiten eines Sicherheitsbestandes und erleichtert dem Disponenten die Verfolgung der vielfältigen C-Teile oder nimmt sie ihm ab. Er kann sich jetzt auf die kritischen A-Teile konzentrieren, z.B. auf die Einrichtung einer Just-in-time-Belieferung. Fehlteile treten so gut wie gar nicht mehr auf.

Programmstabilität: Disziplin auf allen Ebenen. Schon durch ihren engen Planungshorizont kommen die erfolgreichen Unternehmen mit deutlich weniger Programmänderungen aus als die weniger erfolgreichen Wettbewerber. Die Erfolgreichen legen vor allem bei der Produktionsgrobplanung einen sehr viel kürzeren Zeithorizont zugrunde, den sie dann aber auch strikt einhalten. Dagegen ist die längerfristige Grobplanung bei den weniger Erfolgreichen dauernden Änderungen unterworfen und bindet mehr Planungskapazität (Schaubild 4).

Aber auch die anderen Faktoren, die auf die Programmstabilität einwirken, haben die Spitzenunternehmen besser im Griff, nicht

Durch kürzere Planungshorizonte verschaffen sich erfolgreiche Unternehmen höhere Programmstabilität

Steuerungshorizont der Grob- und Feinplanung für die Fertigung
in Arbeitstagen

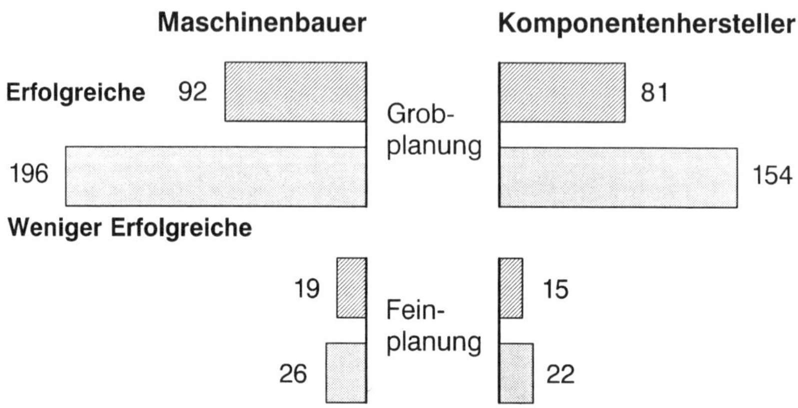

Schaubild 4

zuletzt die Planungsgenauigkeit des Vertriebs. Sie erkennen frühzeitig, wenn die Programmstabilität in Gefahr ist – zum Beispiel weil Mengen, Reihenfolge und Produkte eines Monatsprogramms wiederholt so kurzfristig geändert werden, daß die notwendigen Vorlaufzeiten für die Produktion nicht mehr gegeben sind, Programmumstellungen notwendig werden und Lieferzeiten überschritten werden.

Mit einfachen Maßnahmen, von gezielter Systemunterstützung über organisatorische Regeln bis zu operativen Eingriffen in der Fertigung, schaffen die besten Unternehmen hier Abhilfe. Basiert zum Beispiel in vielen Unternehmen die Programmplanung noch auf einer Vergangenheitsbetrachtung, die mit gewissen Zuschlägen in die Zukunft extrapoliert wird, so setzen erfolgreiche Unternehmen sehr viel wirksamere Instrumente ein. Dabei reicht es häufig schon, Planungsmethoden oder Frequenzen über das Jahr zu differenzieren. Ein Hersteller von Konsumartikeln kann für den größten Teil des Jahres mit Hilfe von Regressionsmethoden planen, bei saisonal bedingten Spitzen oder bei einer anstehenden Preiserhöhung muß er jedoch auch andere Planungsinstrumente einsetzen.

Sind Planungsrhythmen der planenden Bereiche und Stellen nicht synchronisiert, kann das den Bedarf drastisch verzerren. Zum Beispiel war der monatliche Verbrauch von gängigen Ersatzteilen in den Vertriebsniederlassungen eines Komponentenherstellers fast konstant. Da aber jede Niederlassung nach ihren eigenen Regeln und Zyklen den Bedarf an das Zentrallager meldete, ergab sich dort ein sehr uneinheitliches Bild über die einzelnen Monate. Das Zentrallager wiederum meldete in seinem eigenen Rhythmus die Bedarfe weiter an die Produktion. Ergebnis waren dramatische Ausschläge der Programmzahlen über das Jahr. Eine Glättung wurde allein dadurch erreicht, daß man die Planungszyklen synchronisierte, also den Marktbedarf bzw. den Bedarf der Vertriebsniederlassungen flächendeckend und synchron erhob und direkt an die Produktion weiterleitete.

In einigen Fällen – besonders im Spezialmaschinenbau – läßt sich Programmstabilität nicht mehr durch Systemeinsatz, sondern nur durch organisatorische Maßnahmen erreichen: Eine Auftragsabwicklung, die personell richtig besetzt und mit den notwendigen Kompetenzen ausgestattet ist, kann eine sehr leistungsfähige logistische Koordinierungsstelle zwischen allen Funktionen des Geschäftssystems bilden. Durch ihre hohe Flexibilität kann sie den unterschiedlichen Forderungen, Prioritäten und Änderungseinflüssen des Vertriebs, der kundenspezifischen Konstruktion, der Materialwirtschaft und der Fertigung und Montage Rechnung tragen.

Besser als die funktionalen Bereiche kann sie einen möglichst schnellen Auftragsdurchlauf gewährleisten, indem sie die Spielregeln für die einzelnen Bereiche vor allem unter dem Aspekt Liefertreue neu definiert und kontrolliert. Aber auch dadurch, daß sie aus übergreifender Kenntnis des Auftragsdurchlaufs rechtzeitig auf

Konsequenzen hinweist, z.B. bei Terminverschiebungen, und die Auftragsreihenfolge priorisiert. Viele Unternehmen versuchen, diese »ausgeübte Disziplin« einer Auftragsabwicklungsstelle immer noch durch aufwendige, komplexe und selten funktionierende Systeme zu ersetzen.

Kurzfristige Programmstabilität kann auch durch direkte Maßnahmen in der Produktion erreicht werden. Zum Beispiel wird bei japanischen Automobilherstellern zwischen Früh- und Spätschicht häufig die Produktion für zwei bis vier Stunden unterbrochen. Diese Unterbrechung dient zum einen zur Nachproduktion. Ist ein Fertigungsteilbereich hinter seinem Tagessoll zurück, so nutzt er die zweistündige »Pause« dazu, wieder gleichzuziehen. Mit dieser Aufholzeit ist, bis auf ganz wenige Ausnahmefälle, zur nächsten Schicht das Produktionsprogramm zwischen den einzelnen Fertigungsteilbereichen wieder stabilisiert.

Auch Instandsetzungsarbeiten, die während der ersten Schicht nicht durchgeführt werden konnten, sowie Instandhaltung, d.h. vorbeugende Arbeiten an den Maschinen zur Vermeidung von Störfällen, werden zwischen der ersten und zweiten Schicht durchgeführt, um Fertigungsunterbrechungen in der folgenden Spätschicht zu vermeiden. Das führt zu hoher Personalproduktivität: Zum einen können die Mitarbeiter an den Maschinen optimale Volumina erbringen, da kaum Unterbrechungen anfallen, zum anderen können sich die Instandhalter in den zwei eingeschobenen Stunden optimal auf ihre Arbeiten vorbereiten und konzentrieren.

Primäres Ziel dieser Zeitaufteilung ist eine hohe Prozeß- und Programmstabilität. Deren Einfluß auf die logistische Leistung haben die Japaner schon lange erkannt und ihre Fertigungsorganisation auf einfache Weise danach ausgerichtet.

Prozeßstabilität: Abhängig von Arbeitsreihenfolge und Steuerungsverantwortung. Die eigentliche Fertigung, in vielen Fällen mit Abstand der längste zeitliche Schritt, den das Produkt während seiner Fertigstellung durchläuft, hat trotzdem in vielen Unternehmen immer noch etwas von einer »black box«. Nur so ist zu erklären, daß von der gesamten Durchlaufzeit im Fertigungsprozeß oft nur ein Zehntel reine Bearbeitungszeit ist – die restlichen 90 Prozent sind im wesentlichen Liegezeiten.

Wenn, wie bei vielen Einzelfertigern immer noch gängig, »ein Bearbeitungsschritt pro Woche« die Regel ist, so kann man sicher sein, daß das nicht an nachlässiger Maschinenbedienung, mangelnder Produktivität oder fehlender Teilebereitstellung liegt. Im Gegenteil, die Fertigung ist vollgestellt mit Material. In der Tat ist der Arbeitsvorrat vor der einzelnen Bearbeitungsmaschine so groß, daß der Werker keine Übersicht mehr haben kann, welcher der Aufträge Priorität hat. Und auch für die Steuerungsfunktion gibt es keine ausreichende Transparenz mehr. Wenn der Arbeitsvorrat an der Maschine durchschnittlich 20 Tage beträgt – bei den weniger erfolgreichen Unternehmen oft der Fall –, sind schon damit überlange Durchlaufzeiten festgeschrieben (Schaubild 5).

Einhaltung der geplanten Abarbeitungsreihenfolge ist Haupterfolgsfaktor im Fertigungsdurchlauf

Arbeitsvorrat innerhalb der Fertigung
in Arbeitstagen

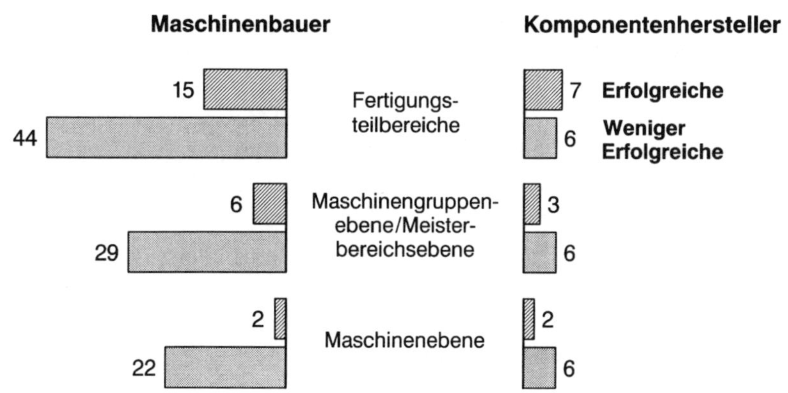

Schaubild 5

Erfolgreiche Unternehmen dagegen reduzieren den Arbeitsvorrat auf durchschnittlich zwei Tage – durch bauliche Maßnahmen und Systemunterstützung, wie im oben angesprochenen Beispiel des flexiblen Transportsystems, oder andere Steuerungsinstrumente. Dem Mann an der Maschine bleibt damit genügend Spielraum für die eigenständige Optimierung der Rüstreihenfolge oder der Festlegung von Instandsetzungsarbeiten. Bei den geringen Beständen in der Fertigung hat die steuernde Stelle ausreichend Transparenz, um kurze Durchlaufzeiten zu planen und Probleme kurzfristig zu erkennen und zu beseitigen.

Auch organisatorisch sichern die erfolgreichsten Maschinenbauer und Komponentenhersteller die Prozeßstabilität in der Fertigung: Sie siedeln die Steuerungsverantwortung dort an, wo maximale Transparenz und Überschaubarkeit zu erreichen sind. Die besten Maschinenbauer übertragen die Feinsteuerung den Meistern, weniger erfolgreiche dagegen steuern die Einzelteilfertigung in vier von fünf Fällen zentral oder auf der Ebene der Fertigungsteilbereiche. Bei den Komponentenherstellern, die primär in Großserie fertigen, ist das Verhältnis umgekehrt: 80 Prozent der Erfolgreichen steuern auf der Ebene der Fertigungsteilbereiche, der Steuerungseingriff des Meisters findet nicht statt. Die weniger Erfolgreichen lassen zu 20 Prozent die Steuerungsverantwortung des Meisters noch zu.

Im Prinzip gilt für Maschinenbauer wie Komponentenhersteller, daß die Feinsteuerung so dezentral wie möglich angesiedelt sein sollte. Die Kenntnis der aktuellen Gegebenheiten, verbunden mit der Fähigkeit, zwischen konkurrierenden Aufträgen zu entscheiden und der Übersicht über immer wiederkehrende Störeinflüsse, ist nirgendwo besser gegeben als möglichst nah am Ort des Geschehens, also auf der Ebene der Meister oder der Fertigungsbereiche. Unterstützende Planungs- und Steuerungssysteme können dabei nützliche Hilfsmittel sein, wenn sie dem Steuernden ausreichend Entscheidungsspielraum lassen.

Fazit

Bis zu zehn Prozent der Gesamtkosten von Industrieunternehmen fallen in der Logistik an. Aber auch der Servicegrad am Markt – Lieferzeit, Liefertreue und Flexibilität – wird direkt beeinflußt durch die Steuerung der Material- und Informationsflüsse, also die Logistikleistung. Ziel von Optimierungsbemühungen in der Logistik muß somit immer die Optimierung des Servicegrads zu möglichst geringen Kosten sein. Was hier an Verbesserungspotential schlummern kann, beweisen Spitzenunternehmen zum Beispiel mit Lieferzeiten von acht Wochen im Vergleich zu 16 bei den schwächeren Wettbewerbern – bei eher niedrigeren Logistikkosten.

Die Hauptansatzpunkte:

⇛ *Strategische Konzentration* auf spürbare Nutzenschwellen. Lieferzeit, Liefertreue und Flexibilität, zum Beispiel bei Änderungswünschen, werden dort verbessert, wo der Kunde den zusätzlichen Nutzen wahrnimmt und honoriert. Ebenso konsequent wird auf Verbesserungen im Servicegrad verzichtet, wenn sie dem Kunden unwichtig sind.

⇛ Minimierung und Optimierung der *Schnittstellen,* vor allem durch produktbezogene Ausrichtung der Standorte: Es gibt möglichst nur einen Standort pro Produkt oder Produktgruppe, an diesem aber alle Funktionen für eine optimale Auftragsabwicklung. Und man beweist mehr Mut auch zu Lösungen »auf der grünen Wiese« statt Festhalten an gewachsenen Strukturen.

⇛ *Abläufe und Systeme,* die eine logistische Differenzierung nach Abwicklungs- und Steuerungsprioritäten erlauben: bei A-Teilen hat Bestandsminimierung Vorrang. Sie wird ermöglicht durch hohe Programmstabilität, zu der ausgeprägte Prozeßstabilität, strikte Einhaltung der Arbeitsreihenfolge und klar delegierte Steuerungsverantwortung beitragen. Bei C-Teilen hingegen gilt das Hauptaugenmerk der Minimierung der Handlingkosten.

Die logistische Typisierung und Anpassung der Verfahrensweisen lassen sich erfahrungsgemäß relativ kurzfristig, innerhalb von sechs bis zwölf Monaten, umsetzen.

V. Technologie: Vereinfachung vor Automatisierung

Eigentlich ist es das Thema von gestern: Flexible Automatisierung durch C-Technologien hat in den letzten zehn Jahren in Deutschland, wie generell in Europa, die Suche nach höherer Produktivität beflügelt und ihre Richtung bestimmt. Computerunterstützung, von der zentralen EDV über CAD bis CNC-Maschinen und PPS-Systemen, gehört zum Unternehmensalltag. Gründe, sich heute mit dem Thema zu befassen, gibt es trotzdem: Zum einen ist man bekanntlich im nachhinein immer klüger – und kann und muß möglicherweise dann im vorhinein Konsequenzen ziehen. Zum anderen hat auch die Langzeitstudie der Maschinen- und Komponentenhersteller Aufschluß darüber gegeben, auf welche Weise der Einsatz von C-Technologien zu wettbewerbsüberlegener Kompetenz beitragen kann.

Vom bisherigen Automatisierungsschub zeugt nicht nur, aber auch, eine ganze Reihe kostspieliger Investitionsruinen. Ernüchterung breitet sich dort aus, wo – wie etwa in der Endmontage der Automobilindustrie – japanische Wettbewerber zwei- bis viermal produktiver sind, auch nachdem deutsche Hersteller oft mehr Einzelprozesse automatisiert und weit mehr für Informationstechnologie ausgegeben haben.

Und auch innerhalb der deutschen Industrie ist Ähnliches zu beobachten. Die erfolgreichen Maschinenbauer setzen mit durchschnittlich 1,4 Prozent vom Umsatz nur gut ein Drittel des EDV-Aufwandes ihrer weniger erfolgreichen Wettbewerber ein. Allein diese Ersparnis – bezogen auf den Umsatz etwa 2,5 Prozent – kann schon den Unterschied zwischen einem mittelmäßig und einem gut verdienenden Unternehmen ausmachen. Doch die Erfolgreichen sind dabei auch noch effizienter: Ihre Personalproduktivität, zum Beispiel in der Administration, ist mehr als 30 Prozent höher (Schaubild 1).

Erfolgreiche Unternehmen erreichen in der Verwaltung eine höhere Produktivität mit geringerem EDV-Einsatz

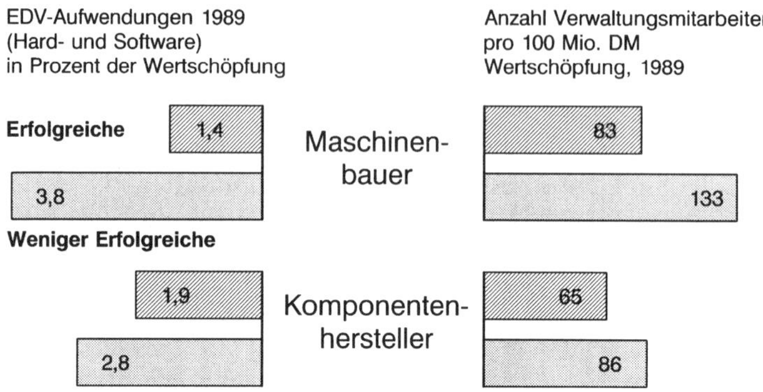

Schaubild 1

Die zurückhaltenden Automatisierer, in Japan wie in Deutschland, erzielen ihre Produktivitätsvorteile durch bessere Produktgestaltung, Komplexitätsmanagement, wesentlich effizientere Abläufe und vor allem stabile Prozesse. Diese Verbesserungsmöglichkeiten sind, so ist zu vermuten, in Europa zum Teil gerade durch die Flucht in die Automation vernachlässigt worden. Sah man doch die neuen Technologien als den Weg, hohe Produktivität bei beliebiger Komplexität zu erreichen. Dabei hat man vielfach innerhalb komplexer Rahmenbedingungen instabile Prozesse eingeführt, von denen erhebliche Störungen des Gesamtsystems ausgehen.

Natürlich kann die Antwort nicht der totale Automationsverzicht sein. Auch die Japaner beschäftigen sich sehr intensiv mit neuen Möglichkeiten durch Einsatz von C-Technologien. In der Tat ist sogar zu erwarten, daß die Japaner, aufbauend auf beherrschten Prozessen und einfachen Rahmenbedingungen, in Zukunft Schritt für Schritt die Automation vorantreiben und damit den nächsten Produktivitätssprung erreichen. Und die erfolgreichen Maschinen- und

Komponentenbauer in Deutschland haben, bei aller EDV-Enthaltsamkeit, nach eigener Einschätzung innerhalb von fünf Jahren mit C-Technologien immerhin Kosten-, Zeit- und Qualitätsverbesserungen von etwa 30 Prozent erzielt. Daß gleichzeitig die weniger Erfolgreichen mit ihrem (höheren) Technologieeinsatz es nur auf etwa zehn Prozent solcher Verbesserungen brachten, bestätigt nur, wie wichtig es ist, hier in der richtigen Weise zu investieren (Schaubild 2).

Worauf es dabei ankommt, wissen wir inzwischen: Vor allem auf die richtige strategische Fokussierung. Die folgende – leicht überzeichnete, aber nicht ganz realitätsferne – Begebenheit zeigt, warum.

Wieder einmal von einem Kongreß zurück, schwärmt der Marketingvorstand von der »Losgröße 1«: Mit diesem Konzept, das ja wohl

Erfolgreiche Unternehmen haben durch C-Technologien deutlich mehr Nutzen erzielt

Durchschnittliche Verbesserung infolge CAM-Einführung

1985 - 1989, in Prozent des Ausgangswertes

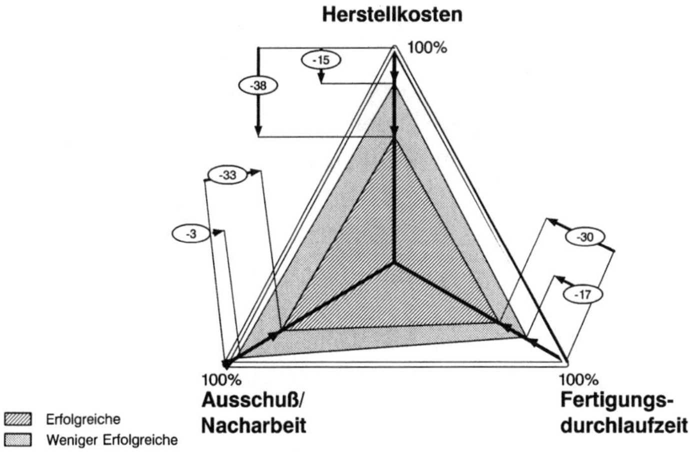

Schaubild 2

mittlerweile industrieüblich sei, möge doch die eigene Fertigung nun endlich auch Ernst machen. Der Produktionsvorstand interpretiert das so, daß er höchste Flexibilität als Vorgabe vom Marketing hat und sieht den einzigen Ausweg darin, durch hochflexible Fertigungssysteme dieses Ziel zu erreichen. Der Materialwirtschaftsvorstand ist es leid, sich ständig wegen Fehlteilen beschimpfen zu lassen, die sich aus seiner Sicht primär aus ständigen Umplanungen ergeben und weniger durch ein schlechtes Management der Zulieferer, und fordert ein integriertes Verkaufsprognose-, Kapazitätsplanungs- und Materialwirtschaftssystem.

Alle diese Ziele sind aus Sicht des jeweils Fordernden nachvollziehbar und in sich schlüssig. Sie zu erfüllen, wäre jedoch verheerend. Die Forderung nach der Losgröße 1 in der Fertigung führt zu Investitionen, die häufig das Zwei- bis Vierfache einer einfachen Transferstraße oder eines Standard-Bearbeitungszentrums kosten. Dabei ist die Produktivität des direkten Personals (Maschinenbediener) und der indirekten Bereiche (Instandhaltung, Qualitätssicherung etc.) bestenfalls halb so hoch, selbst bei hochproduktiv arbeitenden Anlagen. Die Störungszeiten sind in solch hochtechnologischen Anlagen deutlich höher als in einer relativ einfachen, eher Ein-Zweck-orientierten Anlage. Somit würde das gesamte Kostenniveau schnell um mindestens 30% höher liegen als beim besten Wettbewerber. Handelt es sich dann um ein Produkt, bei dem es den Kunden vor allem auf geringe Kosten ankommt, so daß Sonderlösungen nur mit geringen Preisprämien honoriert werden, hätte dieses Unternehmen sich mit den Technologievorgaben systematisch in die völlige Wettbewerbsunfähigkeit, besonders im Volumensegment, manövriert.

Mehr oder weniger extrem ausgeprägt, ist dieses Grundmuster bei den weniger erfolgreichen Unternehmen durchaus verbreitet, und selbst die erfolgreichen deutschen Maschinenbauer sind hier meist wesentlich schlechter als ihre besten japanischen Wettbewerber.

Auch der Technologieeinsatz muß, wenn er sinnvoll sein soll, konkreten Kundennutzen zum Ziel haben. Entscheidend ist herauszufinden, was der Kunde wirklich will. Und, ebenso wie bei Sortiments- und Entwicklungsstrategien, geht es auch hier darum, »Break points« oder Nutzenschwellen zu ermitteln: Verbesserungen, die dem Kunden nicht nur einen marginalen, sondern grundlegenden Vorteil verschaffen und die er deshalb auch spürbar zu honorieren bereit ist. Nur die Frage, wie sich das Unternehmen durch Sprung auf eine neue Nutzenschwelle gegenüber dem Wettbewerb differenzieren kann, bringt die Automatisierungsdiskussion auf den rechten Weg.

Für einen Komponentenhersteller ist die Nutzenschwelle im Normalfall ein Kostenparameter, und der C-Technologie-Einsatz kann meist nur eine untergeordnete Rolle zur Erreichung des Ziels spielen. Starre Transferstraßen sind auch heute bei hohen Tagesstückzahlen vielfach noch die effizienteste Art der Produktion, und durch entsprechend einfache Strukturierung der Abläufe lassen sich die Systemanforderungen in Grenzen halten.

Mit dieser Betrachtungsweise – konsequent die Automationsdiskussion einem Gesamtkonzept unterzuordnen – wurden wir schon vor sechs Jahren konfrontiert, als wir in Tokio mit führenden japanischen Unternehmen ihre Strategie zur Fertigungsautomation diskutieren wollten. Sie verstanden zunächst den Sinn der Frage überhaupt nicht, und in aller Freundlichkeit lenkten sie die Diskussion sehr schnell auf das Thema Produktivitätssteigerung, da die Industrie vor allem kostengetrieben war und jeder »Break point« nur ein Kostenvorteil sein konnte. So diskutierten wir dann mindestens die Hälfte der Zeit darüber, wie man die Voraussetzungen schafft, einfachere Produkte zu konstruieren, wie man entsprechende organisatorische Veränderungen einleitet, wie man Programme zur Produktivitätsverbesserung insgesamt konzipiert – um dann schließlich auch zu überlegen, welche Rolle die C-Technologien in diesem Zusammenhang spielen könnten.

Klares Verständnis der angestrebten Nutzenschwelle ist der Ausgangspunkt für jede wirksame C-Technologie-Strategie. Damit sie zum vollen Erfolg führen kann, muß sie, wie alle Aktivitäten der erfolgreichen Unternehmen, den Gesetzen von Einfachheit und Umsetzungsstärke gehorchen. Das heißt hier:

⇛ *Zuerst rigoros vereinfachen:* Einsatz der Technologie nicht zur Bewältigung übermäßiger Komplexität, sondern zur möglichst effizienten Erfüllung einfacher, überschaubarer Aufgaben

⇛ *Dann gezielt automatisieren:* Massive Investition in gut verstandene Technologien, selektives Experimentieren mit Pionierlösungen.

Einfachheit über alles

Um seinen asiatischen Wettbewerbern auch im Kostenwettbewerb Paroli zu bieten, entwickelte ein westlicher Computerhersteller einen neuen Drucker, der kompromißlos für vollautomatische Montage konstruiert war. Das Automationsziel wurde mit hohem Aufwand erreicht, und vermutlich wäre das Produkt als großer Erfolg in die Geschichte eingegangen, wäre nicht aus Gründen, die nichts mit der Automation zu tun hatten, der Absatz zusammengebrochen. In dieser Krise spielte man alle Handlungsoptionen durch, darunter auch die, unterhalb einer gewissen Stückzahl auf manuelle Montage überzugehen. Und das erwies sich als völlig unproblematisch, denn um die Automatisierung zu ermöglichen, waren die Fügevorgänge extrem vereinfacht worden. Das hohe Automationsniveau war bei genauerer Betrachtung von Anfang an nicht wirtschaftlich gewesen und bei reduzierter Stückzahl erst recht nicht vertretbar. So stellte man trotz der remanenten Fixkosten die gesamte Produktion auf manuelle Montage um.

Nicht immer macht rigorose Vereinfachung den Einsatz von C-Technologie überflüssig. Aber immer gilt, daß die Automation erst da ansetzen sollte, wo Möglichkeiten, durch Vereinfachung Effizienzsprünge zu erzielen, ausgeschöpft sind. Nur dort ist sie wirksam und wirtschaftlich.

Die Einfachheit, die es hier zu schaffen gilt, heißt zunächst: Einfache Produktkonzepte, die es erlauben, zu automatisieren und die Investitionen für die Automation in Grenzen zu halten. Mindestens so wichtig sind einfache Strukturen sowie einfache Anlagen und Systeme.

Einfache Produktkonzepte. Automatisierungsversuche bei Produkten, die für eine Werkstattfertigung konstruiert sind, führen im Normalfall entweder zu völlig überhöhten Investitionen oder aber zur Erkenntnis, daß »man halt nichts machen kann«. Beides ist nicht akzeptabel – und auch nicht notwendig. Das beweisen die erfolgreichen Unternehmen aus der McKinsey-Langzeitstudie. Zum Beispiel setzen erfolgreiche Maschinenbauer nur dann CAD in großem Umfang ein, wenn sie die Produktstandardisierung weit vorantreiben können. Gelingt ihnen die Standardisierung nicht, sind sie sehr zurückhaltend mit dem CAD-Einsatz. Ganz anders verhalten sich die weniger erfolgreichen Unternehmen; sie versuchen, hohe Produktkomplexität durch CAD zu beherrschen, bei geringerer Produktkomplexität dagegen glauben sie, das Problem noch hinreichend im Griff zu haben, und setzen dementsprechend weniger CAD ein. Ihre durchschnittliche Umsatzrendite liegt mit 2,3 Prozent vom Umsatz mindestens um die Hälfte niedriger als selbst bei solchen Unternehmen, die zwar nicht standardisiert haben, aber auch nicht versucht haben, die Komplexität zu automatisieren.

Bei nicht standardisierten Produkten, das wissen die erfolgreichen Maschinenbauer, kann das CAD-System wenig mehr als ein elektronischer Bleistift sein. Produktivitätsfortschritte gegenüber dem Zeichenbrett liegen bestenfalls bei 30 bis 50% für den Konstrukteur selber, meist eher bei Null. Hingegen sind bei hoher Standardisierung durchaus Produktivitätsfortschritte allein in der Konstruktion um den Faktor 3 bis 4 zu erzielen. Noch extremer ist das Verhältnis beim Anlagenbauer, der bei entsprechender Standardisierung seine Angebotsunterlagen fünf- bis sechsmal schneller erstellen kann – eine Verkürzung von fünf Wochen auf fünf Tage gilt als normal.

Ähnliche Effekte kann man bei der Zerspanung auf Transferstraßen erreichen. Hier brauchte ein deutscher Hersteller dank großer Produktvielfalt sehr komplexe Anlagen, die nicht nur sehr teuer waren, sondern auch entsprechend störanfällig. Dagegen hatte es sein japanischer Wettbewerber verstanden, die Unterschiede zwischen den Varianten auf einer Straße auf nur vier Bohrungsdurchmesser und -tiefen zu beschränken. Dadurch kam er mit dem halben Investitionsaufwand aus wie das deutsche Unternehmen. Vor allem aber gelang es ihm, die Rüstzeiten und die Anfälligkeit der Anlage so stark zu reduzieren, daß er heute bei einer Ausbringung von 85% liegt, während die hochkomplexe deutsche Anlage auf bestenfalls 55% kommt. Darüber hinaus schafft es der Japaner, die Anlage mit ca. einem Drittel der Mannschaft zu fahren. Die Gesamtkosten pro zerspantes Teil liegen damit ca. 60% niedriger, ein Vorsprung, der nur durch intelligente – einfache – Produktgestaltung eingeholt werden kann.

Auch ein Beispiel aus dem Maschinenbau zeigt den Zusammenhang zwischen Standardisierung und Automatisierung sehr eindrucksvoll. Das Unternehmen beschloß Anfang der achtziger Jahre, eine völlig neue Fabrik auf die grüne Wiese zu setzen, unter anderem um Gestaltungsfreiheit für die Vollautomatisierung zu haben. Diese Fabrik sollte nicht nur Bearbeitung und Handling, sondern auch den Informationsfluß weitestgehend automatisieren. Trotz hoher Investitionen in Anlagen und Systeme wollte der Hochlauf der Fabrik aber nicht so recht gelingen: Stets fielen irgendwelche Systeme aus, man stellte fest, daß mehr Abstimmung zwischen einzelnen Elementen nötig war als erwartet, die angestrebten Kosten und Zeitziele wurden weit verfehlt.

Statt nun das Konzept blind weiterzutreiben, überprüfte die Führungsmannschaft noch einmal grundlegend das Gesamtkonzept und kam zu dem Schluß, daß eine Automatisierung der gegebenen hochkomplexen Produktpalette nicht zum Ziel führen konnte. Durch konsequente Produktstandardisierung wurde deshalb die Bauteilevielfalt deutlich verringert, und die verbleibende Komplexität ließ man durch eine geschickte Produktkonzeption erst in einer Spätphase des Montageprozesses entstehen.

Doch man ging noch einen Schritt weiter. Entsprechend dem Prinzip der differenzierten Fertigung, trennte man das Programm klar in sogenannte Rennerlinien und Exotenlinien. Dadurch war es möglich, für die volumenstarken Rennerprodukte mit extrem einfachen Abläufen und Strukturen höchste Produktivität zu erzielen, gleichzeitig aber bei den Exotenlinien noch hohe Rüst- und Einarbeitungszeiten zu akzeptieren.

Insgesamt erlaubte die »einfache« Produktkonzeption, verbunden mit entsprechenden Anpassungen bei Strukturen und Abläufen, eine drastische Reduktion des EDV-Einsatzes und wesentlich günstigere Maschinenkonzepte.

Einfache Strukturen. So wichtig die Produktstandardisierung ist, der größte Hemmschuh für Automatisierung, insbesondere im Systembereich, liegt in der Philosophie der zentralen Kontrolle und Steuerung. So glauben viele Unternehmen, in jahrelanger Erfahrung verstanden zu haben, daß man eben eine komplexe Fertigung nicht so einfach vorplanen und dann davon ausgehen kann, daß alles auch so abläuft. Sie wissen, daß Lieferanten manchmal eben Lieferengpässe haben, daß Krankenstände in den Vorbetrieben die Produktionsplanung durcheinanderbringen können, und so weiter. Deshalb konzipieren sie Systeme, die »alltagstauglich« sind und auf solche Probleme durch eine zentrale Umplanung reagieren können.

Gerade diese »praxisgerechte« Konzipierung ist jedoch eine Auslieferung an das Chaos. Die Japaner machen es anders vor: Klare Strukturen und Verantwortungen schaffen; den Verantwortlichen

Freiheit zur Zielerreichung einräumen und sicherstellen, daß es nicht zu Abweichungen kommt.

Man stelle sich vor, in der Automobilindustrie würde man ein hochkomplexes, voll integriertes Logistiksystem kreieren, das von der mittelfristigen Programmplanung bis in die Programmfeinsteuerung auf »Just in time« zielt. Damit hätte man auf den ersten Blick natürlich ein überlegenes System. Man würde grundsätzlich nur eine Programmplanung erstellen, die auch machbar ist, d.h. die auf die Personal- und Maschinenkapazität Rücksicht nimmt. Theoretisch müßte die Wirkung enorm sein, denn eine saubere Programmtreue erschließt dramatische Produktivitätspotentiale: Die direkten Kosten für Fehlteile, die zur Aussteuerung von Fahrzeugen führen, sind sehr hoch, und außerdem entstehen Zusatzkosten, deren Größenordnung leicht 20 bis 30 Prozent der Fertigungskosten ausmachen können, sowie – natürlich – Qualitätsprobleme.

Schaut man jedoch etwas genauer hin, merkt man, daß das Supersystem eine unendliche Vielzahl von Parametern miteinander abgleichen müßte, um daraus ein jeweils neues Gesamtoptimum für das Gesamtunternehmen zu errechnen. Da aber ständig irgendwo eine Maschine ausfällt oder mehr Werker krank sind oder sich wieder gesund gemeldet haben, als man voraussehen konnte, ist das System extrem instabil.

Besonders deutlich wird das an einem einfachen, wenn auch fiktiven Beispiel. Hat ein Vorbetrieb auf einmal einen Lieferabriß vom Stahlhersteller, so muß man zunächst einmal feststellen, daß ein gewisses Bauteil nicht lieferbar ist. Daraus kann man ableiten, wie das Produktionsprogramm geändert werden muß, um weiterhin Lieferfähigkeit sicherstellen zu können. Ein hochintelligentes System würde auch entsprechende Direktmaßnahmen ableiten – und damit zu Problemen auf allen anderen Stufen führen. Denn es würde wieder auf theoretisch verfügbaren Kapazitäten aufsetzen, die aber unter Umständen an diesen Tagen gar nicht in dem Maße vorhanden sind, (was im ursprünglichen Programm auch nicht kritisch gewesen wäre, da der Werkleiter sich schon überlegt hatte, wie er das anstehende Programm durchfahren könnte).

Geht man im Gegensatz dazu von einem dummen System aus und setzt einfach voraus, daß der Vorbetrieb liefern wird, so erwarten die Systemgläubigen, daß sie dann noch mehr Lieferabrisse als bisher haben. Die Erfahrung zeigt aber das Gegenteil. Im konkreten Fall ist es sehr wahrscheinlich, daß der Werkleiter Wege finden wird, dennoch die Teile zu produzieren. So kann er vielleicht einen anderen Ausgangsstoff verwenden, was zwar mehr Kosten bedeutet, aber die Lieferfähigkeit sichert. Auch wird sein Unternehmertum ihn versuchen lassen, doch noch das Material zu besorgen, sei es von einem anderen Lieferanten oder im Extremfall von einem Wettbewerber.

Abgesehen davon, daß der Werkleiter dieses Einzelproblem vermutlich besser in den Griff bekommt als ein integriertes System, hat dieses dezentrale Vorgehen noch einen anderen, vermutlich wichtigsten Vorteil: Der Leiter dieses Vorbetriebs wird sich mit Sicherheit sehr ernsthaft mit dem Lieferanten, der den Lieferabriß erzeugt hat, auseinandersetzen. Er wird mit ihm über die Übernahme der Zusatzkosten verhandeln, was wiederum den Zulieferer anspornen wird, in Zukunft ja keine Lieferabrisse mehr zu haben. Er wird darüber hinaus dem Lieferanten klar machen, daß solche Lieferabrisse für ihn völlig unakzeptabel sind und er sich in Zukunft, gemeinsam mit Einkauf und Entwicklung, überlegen muß, ob man mit diesem Lieferanten noch arbeiten kann. Oder er wird im Rahmen einer neuen vertrauensvollen Zusammenarbeit sich mit dem Lieferanten zusammensetzen, um Wege zu finden, unannehmbare Lieferabrisse auszuschließen.

In dem hoch komplexen System hingegen tritt das Problem meist gar nicht direkt auf. Das System plant um, der Werkleiter erfährt kaum, weshalb nun wieder alles umgeplant ist, und für den Vorbetrieb ist ja auch alles in Ordnung, da er letztendlich vermutlich sogar im Programm fährt, was er fahren kann. In Schwierigkeiten kommen lediglich andere Werke, deren tatsächliche Kapazität zu dem Zeitpunkt nicht identisch mit der theoretisch vorhandenen Kapazität war. Aber auch diese Werkleiter sehen kaum eine Möglichkeit zu handeln, da der kurzfristige Eingriff durch das System für sie erratisch war und sie ihn nicht beeinflussen können.

Klare Strukturen und Ziele sind eine notwendige Voraussetzung für erfolgreiches Produzieren und Automatisieren. Statt zentral alles durchzuplanen und zu steuern, ist es meist sinnvoll, eigenverantwortliche Cost-Center oder Profit-Center zu installieren, die Kosten, Durchlaufzeiten/Teileverfügbarkeiten und Qualität in Eigenverantwortung optimieren.

Einfache Anlagen und Systeme. Sind die Rahmenbedingungen durch einfache Produktkonzepte und einfache Strukturen geschaffen, so können auch die Systeme und Anlagen deutlich einfacher gestaltet werden, wie das angesprochene Beispiel der Transferstraßenauslegung deutlich macht.

Einfachheit der *Systemunterstützung* ist untrennbar verbunden mit der Frage zentral oder dezentral, Integration oder Insellösung. Zentrale Supersysteme lassen dem Verantwortlichen meist nicht genügend Spielraum, seine Ziele zu erreichen. Auf der anderen Seite ist es auch gefährlich, Systeme völlig auseinanderlaufen zu lassen. Dennoch akzeptieren die erfolgreichen Unternehmen eher ein gewisses Auseinanderdriften als eine Überreglementierung. Sie fördern zunächst eine weitgehende Automation der Einzelbereiche, bevor sie voll integrierte Prozeßketten einführen. Vor allem aber machen sie die operativen Einzelbereiche für EDV-Projekte verantwortlich, während bei weniger erfolgreichen Unternehmen die letzte Verantwortung häufig in der zentralen EDV liegt. Das spiegelt sich nicht zuletzt darin wider, daß weniger erfolgreiche Unternehmen großen Wert auf unternehmensweit einheitliche Vorgehensweisen bei EDV-Projekten legen, während dies für erfolgreiche Unternehmen unerheblich ist (Schaubild 3).

Erfolgreiche Unternehmen betonen die Bereichsverantwortung bei EDV-Systemeinführung

Vorgehensweise bei EDV-Systemeinführung
Index (Skala von -10 bis + 10)

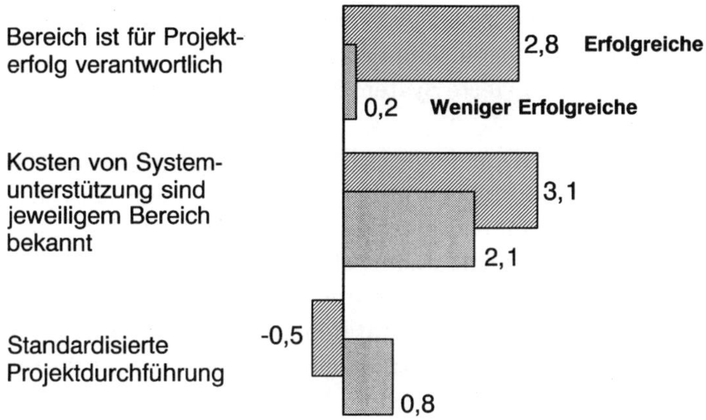

Schaubild 3

Die Integration beschränken die Erfolgreichen auf die wenigen Aufgaben, die wirklich kritisch sind. Und selbst da fragen sie zunächst, ob die Integration unbedingt über Systeme geschehen muß oder ob sie nicht besser über Einzelpersonen oder Strukturen geschaffen werden kann. Ihre Devise ist: «Think big, act small«. Das heißt, durchaus in großem Rahmen denken und die Systemarchitektur so definieren, daß auch zukünftige Integration möglich ist – wo sinnvoll und notwendig –, gleichzeitig aber sicherstellen, daß durch Optimierung in kleinen Bereichen schon vorab großer Nutzen erzielt wird.

Die Gefahren einer Überzentralisierung und die Chancen des stärker dezentralen Vorgehens konnte zum Beispiel ein größeres Unternehmen des Maschinenbaus im direkten Vergleich erleben. Anfang der 80er Jahre plante die Konzernleitung die Einführung eines voll integrierten Materialwirtschafts- und PPS-Systems, das einerseits direkt auf der Entwicklungsstückliste aufsetzte und andererseits direkt auf die Verkaufsprognose zurückgriff. Während das Hauptwerk dieses theoretisch überlegene System einführte, entschied ein kleineres Werk anders. Anstelle des integrierten Systems wollte man hier zunächst einmal eine einfache PPS-Standard-Software mit allen geschäftsspezifischen Anpassungen einsetzen, um dann, sobald sich das integrierte System bewährt hätte, umzuschwenken.

Die Erfolgsbilanz seither ist aufschlußreich. Im Hauptwerk wurden die Einführungszeitpunkte immer wieder hinausgeschoben. Zwar soll das System in spätestens zwei Jahren voll lauffähig sein, doch diese Aussage wird nicht mehr sehr ernst genommen, da sie seit Beginn des Projektes schon so lautet. Der Effekt ist verheerend. Im Werk selbst wird immer noch mit den alten halb-manuellen Systemen gearbeitet. In der Erwartung, daß mit dem neuen PPS-System alle Probleme gelöst sein werden, hat man darüber hinaus nicht konsequent die notwendige Vereinfachung der Planungs- und Steuerungsvorgänge und die Produktstrukturierung vorangetrieben.

Die Kosten in der Teilefertigung liegen nicht zuletzt deshalb im Vergleich zu ähnlichen Fertigungen um 40% höher.

Im Gegensatz dazu hat das kleine Werk relativ schnell und zügig sein Produktionsplanungs- und -steuerungssystem eingeführt. Der theoretische Nachteil, daß dieses System nicht in die Verkaufsprognose integriert ist, hat es sogar in einen Vorteil verkehren können: Laufend korrigierte Verkaufsprognosen würden nämlich zu kontinuierlichem Umplanungsbedarf im Tagesgeschäft führen. Das Werk hat jedoch über eine entsprechende Produktstrukturierung Teilefamilien gebildet, die es erlauben, die meisten Schwankungen im Produktmix mit relativ geringem Aufwand in der Produktion abfangen zu können.

Die Integration von Verbrauchsprognose und PPS-System mittels eines intelligenten Filters – in diesem Fall ein Mitarbeiter – ist deutlich erfolgreicher als eine effizientere Datenübertragung, die jedoch die Fertigung durcheinanderbringt.

Dieses kleinere Werk hat es mittlerweile geschafft, eine ausgesprochen wettbewerbsfähige Kostenposition zu erreichen, und während es vor ca. acht Jahren noch zu den Problemwerken im Konzern gehörte, gilt es mittlerweile als das Juwel. Natürlich würde niemand behaupten wollen, das PPS-System sei für das kleine Werk die Lösung aller Probleme gewesen. Vielmehr würde das Management die Teilefamilien, die Flußorientierung in der Fertigung, die stärkere Motivation der Mitarbeiter und die höhere Auslastung der Maschinen in den Vordergrund stellen. Allerdings hat auch die Tatsache, daß sie das PPS-System und die Auftragszusammenfassung ohne Vorgaben gestalten konnten, Möglichkeiten erschlossen, insgesamt hocheffizient zu arbeiten.

Im Hauptwerk dagegen war die Werkleitung stets an die Vorgaben durch das hochintelligente PPS-System gebunden. Irgendwelche Zwischenlösungen, die nachher die Einführung des großartigen integrierten Systems erschweren würden, waren um jeden Preis zu vermeiden.

Daß nicht nur ein überzentralisiertes Vorgehen, sondern auch das andere Extrem erhebliche Risiken bergen kann, läßt sich häufig beim CAD-Einsatz beobachten. Während einzelne Unternehmen die Entscheidungen über CAD-Systeme völlig in die Bereiche verlegt haben und keinerlei gemeinsame Philosophien vorgeben, haben andere Unternehmen sehr straff zentralistisch nur bestimmte Hardware und Software zugelassen. Beide Lösungen haben zu unbefriedigenden Ergebnissen geführt. Im ersten Fall ist die Vernetzung/Integration zu einem späteren Zeitpunkt schwierig und aufwendig. Die zweite Lösung hat dazu geführt, daß sich im Prinzip in Unternehmen nichts bewegt hat, weil wesentliche Entscheidungen blockiert waren.

Nun ist das Integrationsproblem sicher das angenehmere von beiden, doch es gibt eine bessere Lösung: zentral sehr wohl eine gewisse Systemarchitektur vorzugeben und bestimmte Schnittstellen sicherzustellen, gleichzeitig aber dem Anwender alle Freiheit bei der Auswahl von Anwendungssoftware zu lassen.

Selbst wenn ein zu stark dezentralisiertes Vorgehen zu Verdoppelungen geführt hat, bedeutet dies nicht, daß man möglichst schnell mit hohem Aufwand korrigieren muß. Vielfach ist die Integration verschiedener Systeme erstrebenswert, der Aufwand für eine Umstellung aber extrem hoch. Dann empfiehlt es sich, anstelle eines konsequenten Schnitts zwischen alten und neuen Systemen eine Migrationsstrategie zu fahren.

So hatte ein Maschinenbauunternehmen verschiedene Kundendatenbanken: Die eine bestand im Verkauf, die andere gehörte dem Service, und die dritte nutzte das Marketing für Direct-Mail-Aktionen. Die Datenbanken waren parallel gewachsen, hatten völlig verschiedene Datenstrukturen und benannten identische Firmen mit unterschiedlichen Anschriften und Abkürzungen. Eine einfache DV-technische Zusammenführung war nicht möglich. Während zunächst die Forderung aufkam, doch jetzt endlich mal »klar Schiff« zu machen und die drei alten durch eine integrierte neue Datenbank zu ersetzen, stellte sich schnell heraus, daß der Aufwand für eine solche Integration extrem hoch gewesen wäre, der Nutzen dagegen eher gering.

Stattdessen wurde zwar eine neue Datenbank konzipiert, die erheblich leistungsfähiger war als die alten, so daß es für die drei verschiedenen Nutzer sinnvoll erschien, alle neuen Daten auf die neue Datenbank zu bringen. Damit war die Voraussetzung geschaffen, daß die drei Parallelsysteme sich nicht verewigen würden. Gleichzeitig wurde jedoch der Riesenaufwand für eine detaillierte Datenbereinigung vermieden. Diese neue Migrationsstrategie ermöglicht es nun, mit relativ geringem Aufwand eine neue Datenbank hochzufahren, um dann zu einem späteren Zeitpunkt, wenn bereits eine Vielzahl der Daten dort gespeichert ist und die Nutzer sich bereits mit der neuen Struktur angefreundet haben, das Gesamtsystem umzustellen.

Ähnliche Bedeutung wie bei Systemen hat die Einfachheit auch bei den *Anlagenkonzepten.* Viel wichtiger, als das letzte Promille an Ausbringung aus einer Maschine herauszuholen, ist es, die Prozeßsicherheit zu garantieren. So würde man ja auch nicht auf die Idee kommen, einen Expresspaketdienst mit Formel-1-Fahrzeugen auszurüsten. Abgesehen vom fehlenden Kofferraum, hätten diese Fahrzeuge zwar den Vorteil, sich sehr schnell zwischen zwei Punkten bewegen zu können, ihre Zuverlässigkeit wäre aber deutlich geringer als die eines Standardfahrzeugs, so daß die durchschnittliche Leistung für den Kunden schlechter würde.

Zwar könnte der Kunde in Einzelfällen durchaus kürzere Lieferzeiten erwarten, allerdings eher in der Größenordnung von 20 bis 30 Prozent, während bei Ausfall extreme Lieferterminverzögerungen entstehen könnten. Da bei einem solchen Ausfall der ganze Auslieferplan überarbeitet werden müßte, würde sich nicht nur die Auslieferung in diesem einen Fall verzögern, sondern auch in einigen anderen Fällen müßte die Planung revidiert werden. Wären jetzt auch die anderen Auslieferungswagen Formel-1-Fahrzeuge, so wäre die Wahrscheinlichkeit, daß auch diese wieder ausfallen, ebenfalls relativ hoch, so daß insgesamt ein instabiles Gesamtsystem entstünde, auch wenn die durchschnittliche Leistung jedes einzelnen Fahrzeugs trotz Reparaturen noch höher sein mag als die der Standardfahrzeuge.

So absurd dieses Beispiel erscheinen mag, so findet man doch genau dieses Phänomen in Serienfabriken sehr häufig. Dort werden Hochleistungsmaschinen installiert, mit extrem hohen Bearbeitungsgeschwindigkeiten, die noch weiter optimiert werden, um die letzten zehn oder 20 Prozent herauszuholen. Diese doch recht teuren Maschinen werden dann noch mit hochkomplexen Werkzeugwechsel- und Lagersystemen versehen, die dafür sorgen müssen, daß die Maschine, da sie nun schon so teuer war, auch wirklich ständig läuft. Um Auslastung sicherzustellen, wird dann noch ein Spezialwerkzeugträger entwickelt, der die gemischte Zerspanung verschiedenster Teile ermöglicht.

Dieses Gesamtsystem, mit Sicherheit ein technisches Wunderwerk, ist dann oft so anfällig, daß genau der beschriebene Formel-1-Effekt auftritt. Während jede Einzelentscheidung der Aufrüstung im Prinzip plausibel war, nämlich dem Ziel diente, die einmal getätigte hohe Investition wenigstens optimal auszulasten, ist das Gesamtergebnis kontraproduktiv. Die Grundregel, zunächst einfachere Rahmenbedingungen zu schaffen und dann mit ebenfalls möglichst einfachen und beherrschten Technologien die Aufgabe zu lösen, wurde nicht eingehalten.

Teils forcieren, teils experimentieren

Der deutlich geringere EDV-Aufwand der erfolgreichen Unternehmen hindert sie nicht daran, viel stärker als weniger erfolgreiche Wettbewerber neue Bearbeitungstechnologien einzusetzen. Dabei halten sich die Erfolgreichen an ein einfaches Prinzip: Sie investieren in solche Technologien, deren Beherrschbarkeit sie genau verstanden haben. Bei den unerprobten neuen Technologien lassen sie sich ebenfalls nichts entgehen; vielmehr sind sie meist die Pioniere – allerdings in Piloteinsätzen, bei denen sie am Experiment Möglichkeiten und Grenzen austesten.

Während die Erfolgreichen beim Experimentieren durchaus bereit sind, gewisse Risiken einzugehen, ist in der Phase des Forcierens der gezielte Einsatz, ausgerichtet auf klar definierte Ziele, ihre Maxime.

Mit Neuem experimentieren. Erfolgreiche Unternehmen versuchen frühzeitig, Kosten und Nutzen neuer Technologien zu verstehen, ohne sich jedoch gleich mit umfangreichen, flächendeckenden Investitionen zu binden.

So setzten die erfolgreichen Unternehmen viel früher als andere schon CAD-Systeme ein und waren auch vielfach beim Einsatz von NC-Technologien die Vorreiter.

Die besten deutschen Maschinenbauer und Komponentenhersteller verhalten sich in diesem Punkt sehr ähnlich wie die erfolgreichen japanischen Hersteller. Diese investieren sehr kräftig in Pilotwerke oder Pilotinstallationen, in denen sie sehr genau lernen, mit welchem Nutzen und welchem Aufwand zu rechnen ist. Europäische Manager, die sich diese Pilotfabriken anschauen, ziehen häufig den falschen Schluß, daß die Japaner viel höher automatisiert sind als sie selber – und daß die einzige Chance zur Sicherung der Wettbewerbsfähigkeit eine gewagte Großinvestition in neue Technologien ist.

In Wirklichkeit fahren die Japaner in ihren normalen Fabriken meist eher mit Standardtechnologien als mit den fortschrittlichsten Neuheiten. Erst wenn sie in Pilotanwendungen eine Technologie beherrschen gelernt haben, von der sie sicher sind, daß sie ihnen hilft, eine Nutzenschwelle zu überschreiten, übernehmen sie diese Technologie auch in ihre Standardfabriken.

Genau dieses Verhalten praktizieren auch die erfolgreichen Maschinenbauer und Komponentenhersteller. Da bei ihrer Größe allerdings ausgewachsene Pilotwerke bereits einen großen Anteil am gesamten Produktionsvolumen ausmachen würden, setzen sie stattdessen auf Pilotinstallationen oder Pilotanwendungen. Ausgehend von dem Kosten- und Nutzenverständnis, das sie dabei gewinnen, investieren sie dann konsequent und kräftig in überschaubare und beherrschte Technologien.

In der Phase des Experimentierens spielt die optimale zeitliche Auslastung eine wichtige Rolle, da die Investitionen in diesen Phasen meist noch sehr hoch sind und man möglichst viel daraus lernen möchte. Heute befinden sich vor allem noch die flexiblen Fertigungssysteme (FMS) in dieser Phase. Zwar sind FMS mittlerweile keineswegs mehr Exoten, doch ihr Nutzen ist kaum schon so genau verstanden, daß man sie auf breiter Basis einführt. Um sie »finanzierbar« zu halten und möglichst viel Erfahrung zu sammeln, werden sie – im Gegensatz zum restlichen Maschinenpark – primär dreischichtig genutzt (Schaubild 4). Das hat allerdings nicht nur Vorteile. Fertigt man in einem Flußprinzip, so ist durch den Betrieb einer Engpaßmaschine in drei Schichten der Lageraufbau vor und nach dieser Engpaßmaschine vorbestimmt, was natürlich den Fluß unterbricht und die Reaktionszeiten verschlechtert. Von daher wäre meist eine zweischichtige Nutzung, also in Übereinstimmung mit der generellen Schichtzeit, sinnvoller; sie würde aber die Anlagenproduktivität reduzieren.

Interessanterweise stört das die Japaner nicht: Sie haben vielfach eine um die Hälfte bis zwei Drittel geringere Anlagenproduktivität, dafür aber eine deutlich höhere Personalproduktivität. Offensichtlich sind die Kapitalkosten der FMS jedoch so hoch, daß sie nur bei einem dreischichtigen Betrieb amortisierbar erscheinen. Die zukünftige Durchdringung wird stark davon abhängen, wieweit die Unternehmen den Zwang zur Flexibilität durch diese Systeme in

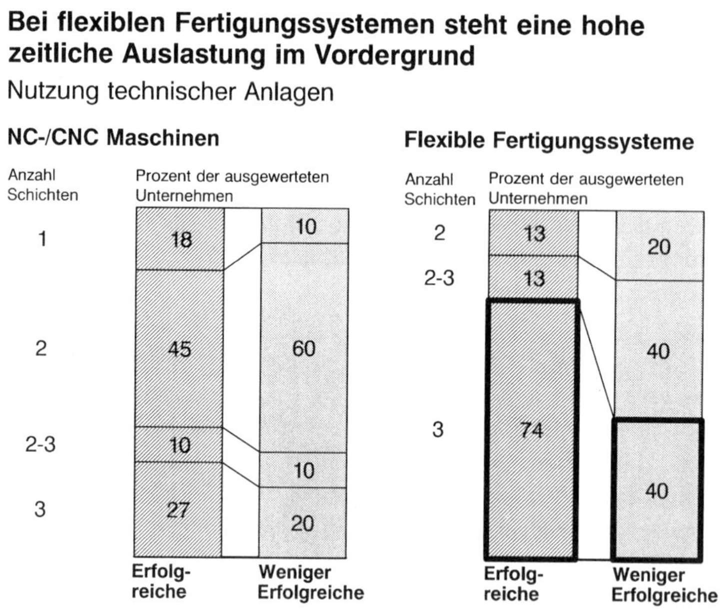

Schaubild 4

Grenzen halten und wieweit es den FMS-Herstellern gelingt, mit einfachsten Konzepten, die auf diese reduzierten Forderungen zugeschnitten sind, auch deutliche Kosten- und damit Preissenkungen zu erreichen.

Der heutige Trend, FMS dreischichtig einzusetzen, wobei vielfach die dritte Schicht mannlos oder besser mannarm ist, erscheint als Modell für die forcierte Einführung eher fraglich. Auch bei CAD-Systemen diskutiert man heute kaum noch, ob sie dreischichtig betrieben werden sollten. Infolge des technologischen Fortschritts und der dramatisch gestiegenen Verbreitung sind mittlerweile allerdings die Kosten hier erheblich gesunken. Und der Nutzen ist inzwischen so gut verstanden, daß auch für den Erfahrungsgewinn solche Lösungen nicht mehr notwendig sind.

Bewährtes Forcieren. Bestimmte Technologien, z.B. der DNC-Einsatz, wurden von den erfolgreichen Unternehmen zwar durchaus frühzeitig erprobt, aber als nicht hinreichend nutzbringend verworfen. Ist hingegen ein spürbarer Nutzen festgestellt und gut verstanden, so forcieren die führenden Unternehmen einen flächendeckenden oder doch breiten Einsatz. Bei aller Investitionsbereitschaft gehen sie jedoch auch hier keineswegs undifferenziert, sondern sehr gezielt vor. In der Tat findet man häufig, daß die erfolgreichen Unternehmen zwar weniger investieren, aber mehr Nutzen als die weniger Erfolgreichen erzielen, weil sie die Technologien intensiver einsetzen.

So haben die erfolgreichen Unternehmen aus der McKinsey-Langzeitstudie eine um ca. 40 Prozent geringere BDE-Arbeitsplatzdurchdringung als die weniger Erfolgreichen. Durch intensive Nutzung gelingt es ihnen dennoch, absolut fast 40 Prozent mehr Aufträge zurückzumelden als die weniger Erfolgreichen (Schaubild 5).

Flexible Automation durch CNC- und CAD-Einsatz haben vor allem die erfolgreichen Maschinenbauer, aber auch die erfolgreichen

Bei CAE und BDE ist vor allem intensive Technologienutzung erfolgsentscheidend

Maschinen- und Komponentenhersteller
Verbreitung und Nutzung 1989, in Prozent

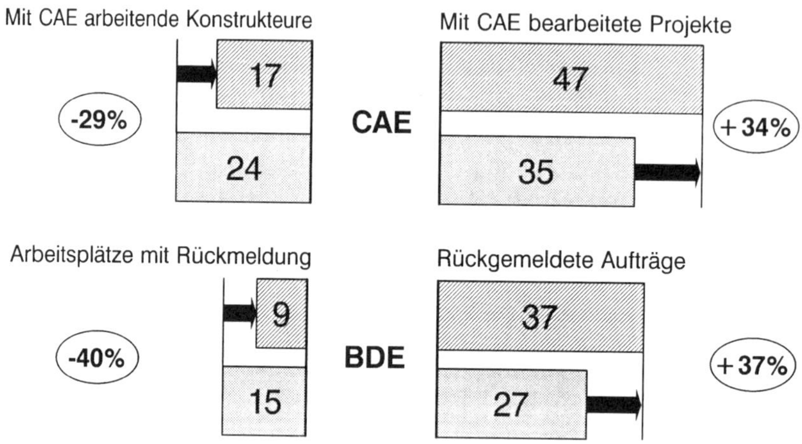

Schaubild 5

Komponentenhersteller, viel stärker forciert als weniger erfolgreiche Unternehmen (Schaubild 6). Dabei haben sie die neue Technologie allerdings nicht dazu verwendet, schon starr automatisierte Bearbeitungsvorgänge zu flexibilisieren, sondern bisher noch konventionelle Bearbeitungsvorgänge zu automatisieren.

Auf diesem Wege gelang es, konventionell nicht erschließbare Automationspotentiale auszuschöpfen. Und nicht zuletzt damit haben die erfolgreichen Unternehmen ihren ohnehin schon vorhandenen Produktivitätsvorsprung noch einmal deutlich ausweiten können (Schaubild 7).

Beim CAD-Einsatz schließlich liegt den erfolgreichen Anwendern nichts ferner ferner als ein undifferenziertes Bestücken der Konstruktion mit mehr CAD-Arbeitsplätzen. Im Gegenteil: Im Unterschied zu den weniger Erfolgreichen haben sie verstanden, daß sich

Erfolgreiche Unternehmen sind häufiger flexibel automatisiert

Automatisierungsgrad 1989
in Prozent der Anzahl Produktionseinrichtungen

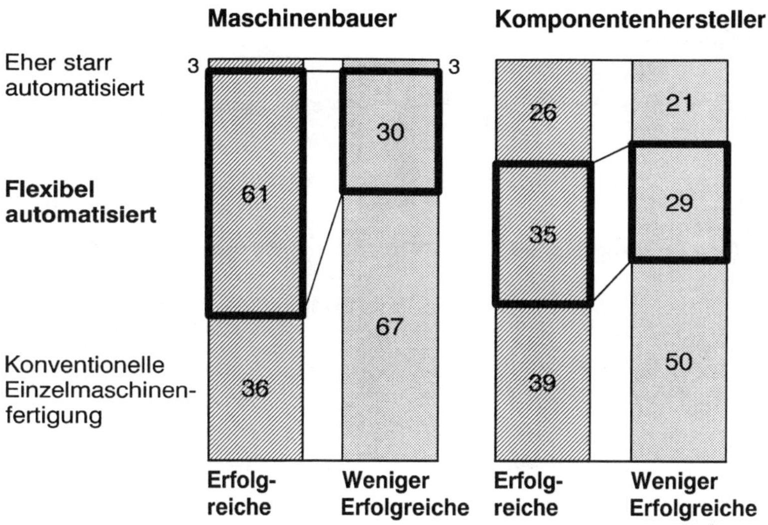

Schaubild 6

der volle Nutzen von CAD nur bei entsprechender Standardisierung einstellt, und die Voraussetzungen geschaffen.

Gerade im Umgang mit CAD-Systemen zeigt sich im übrigen sehr deutlich die Grundtendenz des frühen Experimentierens, dann kräftigen Investierens und, darauf aufbauend, der intensiven Nutzung der Systeme zum Vorteil des Unternehmens. Mitte der 80er Jahre begannen die erfolgreichen Maschinenbauer mit ersten CAD-Pilotanwendungen. Die CAD-Durchdringung lag zu diesem Zeitpunkt im Normalfall deutlich unter 20 Prozent, und zwar sowohl bei erfolgreichen wie wenig erfolgreichen Unternehmen. Über die nächsten fünf Jahre allerdings verstanden dann die erfolgreichen Unter-

Stärkerer NC-Einsatz erhöht Produktivitätsvorsprung der erfolgreichen Maschinenbauer

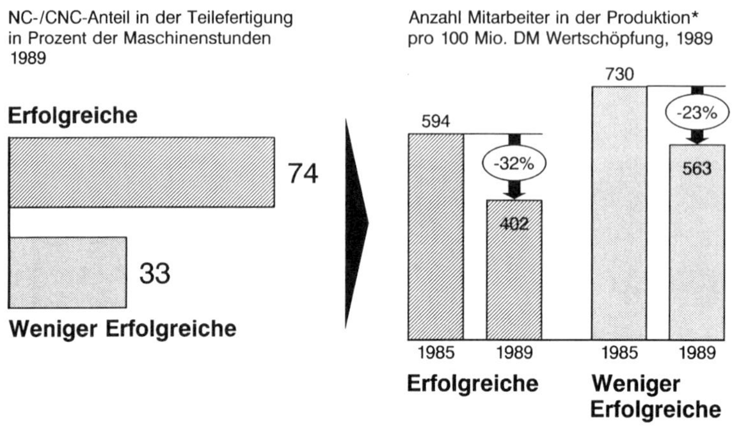

* Anteil Teilefertigung ca. 50%

Schaubild 7

nehmen deutlich besser, was der Nutzen der CAD-Systeme ist und wie man sie sinnvoll einsetzen kann. Dementsprechend öffnete sich die Schere in der konsequenten Einführung.

Während sechs von zehn der erfolgreichen Unternehmen mittlerweile eine CAD-Durchdringung über 60 Prozent verzeichnen, erreicht bei den weniger erfolgreichen nur jeder vierte dieses Niveau. Interessant ist auch, daß von den erfolgreichen Unternehmen, die jetzt den Nutzen der CAD-Technologie im Detail verstanden haben, drei Viertel bis Mitte der 90er Jahre eine fast hundertprozentige Durchdringung anstreben, während die weniger Erfolgreichen bis dahin gerade den Stand anstreben, den die Besten bereits 1989 erreicht hatten (Schaubild 8). Die weniger Erfolgreichen haben damit bei dieser doch in vielen Fällen erfolgsentscheidenden Technologie einen Anwendungsrückstand von etwa fünf Jahren.

In der CAD-Durchdringung haben erfolgreiche Maschinenbauer fünf Jahre Vorsprung

CAD-Einsatz in der mechanischen Konstruktion
in Prozent der Unternehmen

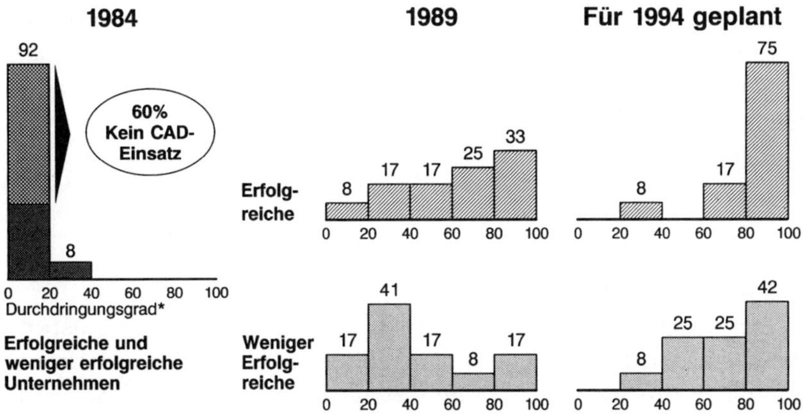

* % der an CAD-Systemen arbeitenden Mitarbeiter in Entwicklung/Konstruktion

Schaubild 8

Ihr Vorsprung gibt den Erfolgreichen einen nachhaltigen Wettbewerbsvorteil. Denn die Unternehmen, die heute eine CAD-Durchdringung von nur 20 bis 30 Prozent haben, wären gar nicht in der Lage, kurzfristig die Durchdringung schneller hochzufahren, da ein kritischer Engpaßfaktor neben der Standardisierung das Trainieren der Mannschaft ist. Würde man versuchen, den CAD-Einsatz einer ganzen Abteilung oder eines Bereiches innerhalb von zwei Jahren von 20 auf 90 Prozent zu steigern, so würde der Output der Mannschaft in dieser Zeit vermutlich um etwa 40 Prozent zurückgehen. Erschwerend käme hinzu, daß die Schulungsmaßnahmen nicht effizient durch Austausch von Erfahrung zwischen den Konstrukteuren verstärkt würden, sondern die Lernkurve zwangsläufig recht flach verlaufen würde, weil fast alle CAD-Anfänger wären.

Auch aus Gründen wie diesen holen die erfolgreichen Maschinenbauer wesentlich mehr Nutzen aus dem Einsatz von CAD. Mißt man einmal den Produktivitätsanstieg in der mechanischen Konstruktion – mit Sicherheit nicht der wichtigste Indikator für den erfolgreichen CAD-Einsatz, aber immerhin einer der am ehesten vergleichbaren Indikatoren –, so verzeichnen die erfolgreichen Unternehmen wesentlich größere Produktivitätssteigerungen als die weniger Erfolgreichen (Schaubild 9).

Fazit

C-Technologien tragen, selbst bei geballtem Einsatz, unter Umständen wenig zur Ergebnissteigerung bei. Dann nämlich, wenn sie auf komplexe Produktkonzepte und Strukturen aufgepfropft werden.

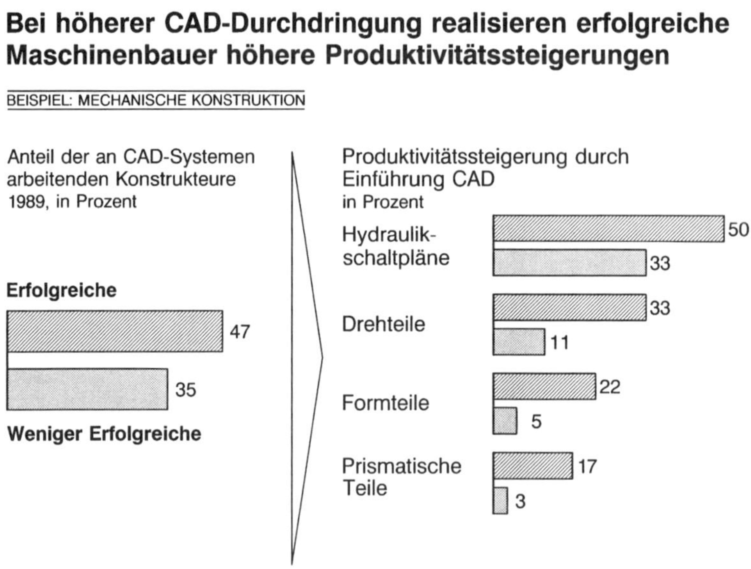

Schaubild 9

Optimiert der Technologieeinsatz hingegen einfache, überschaubare Aufgaben, die zudem echten Kundennutzen schaffen, dann kann das Potential beträchtlich sein: Erfahrungswerte liegen bei 30 Prozent Kostensenkung, Zeitgewinn und Qualitätsverbesserung über einen Fünfjahreszeitraum.

Unternehmen, die solche Spitzenergebnisse erzielen, haben das nicht mit einer breiten Flucht in die Automation erreicht, sondern mit einem sehr selektiven und zielbewußten Vorgehen:

⇛ *Strategische Konzentration* sorgt dafür, daß nur solche Technologien forciert werden, deren Nutzen vorher in ausführlichen Experimenten genau erkundet wurde. Mit diesen Experimenten bleiben sie dem neuesten Stand der Technik auf der Spur; im laufenden Einsatz bemühen sie sich dann allerdings um möglichst einfache Technologien, einschließlich Standardmaschinen und -software, die stabile Liefertreue und Qualität sicherstellen.

⇛ Interne und externe *Schnittstellen* legen die Erfolgreichen so, daß minimaler Abstimmungsbedarf entsteht. So konzipieren sie auch ihre Systeme und »verschenken« lieber theoretisch erschließbare Optimierungen, um Unternehmertum und Handlungsspielraum der Führungskräfte zu stärken.

⇛ Beim *Ablauf* der Automatisierung halten sie sich an das Primat der Einfachheit: Vor dem Einsatz von C-Technologien steht die rigorose Vereinfachung von Produkten, Strukturen, Systemen und Anlagen.

Die Voraussetzungen für eine Automatisierung zu schaffen und Technologien wie CAD und CAM voll zu etablieren, dauert erfahrungsgemäß drei bis fünf Jahre. Auf dem Wege dahin lassen sich allerdings bereits deutliche Fortschritte realisieren. Der begrenzende Faktor sind im wesentlichen die Weiterentwicklung der Organisation durch Überwindung funktionaler Denkweisen, vor allem aber die Verbreitung der notwendigen Fähigkeiten in der gesamten Mannschaft.

VI. Organisation: Überschaubarkeit und Unternehmertum

Angenommen, Sortiment und Kunden sind, wie beschrieben, auf Kernbereiche gestrafft, in denen größtmöglicher Kundennutzen geboten wird; weiterhin sorgt enge Zusammenarbeit mit ausgewählten Lieferanten für optimale Fertigungstiefe; das Entwicklungsmanagement minimiert im Vorfeld das Risiko und sorgt für Integration; und die Orientierung an Produkten und den Erfordernissen des Materialflusses hat die ideale Standortstruktur hervorgebracht. Angenommen auch, der Maschinen- oder Anlagenbauer, Automobil- oder Gebrauchsgüterhersteller, von dem die Rede ist, hält diesen Zustand bereits einige Jahre aufrecht. Dann ist nach aller Erfahrung seine Wettbewerbsposition unangreifbar, und er ist mit hoher Ertragskraft auf Expansionskurs.

Befähigt hat ihn dazu zweifellos große Fachkompetenz in jedem einzelnen der Aufgabenbereiche. Doch sie allein hätte nicht ausgereicht, wären nicht übergreifende Stärken hinzugekommen: organisatorische Rahmenbedingungen, die für Überschaubarkeit und Unternehmertum sorgen, den Nährboden für überlegene Kompetenz und Umsetzungsstärke.

Die Vorstellungen davon, wie organisatorische Rahmenbedingungen beschaffen sein müssen, damit ein nachhaltiger Wettbewerbsvorsprung zustande kommen kann, haben bekanntlich in den letzten Jahren einen tiefgreifenden Wandel durchgemacht. Zugrunde lag die Beobachtung, daß durchaus sein konnte, was nach traditioneller Organisationstheorie nicht sein durfte: Zweckmäßige, ausgeklügelte Strukturen konnten nicht verhindern, daß Entscheidungsprozesse langwierig waren und zu falschen Entscheidungen führten und daß die Verwaltung sich erschreckend intensiv mit sich selbst beschäftigte; gleichzeitig aber prosperierten Unternehmen, deren historisch gewachsene, unordentliche Strukturen nach der reinen Lehre keinen Pfifferling wert waren. Den entscheidenden Unterschied, so befanden die Analytiker, machte der herrschende Geist im Unternehmen – manifestiert nicht so sehr in harten Strukturen, sondern in den »weichen« Organisationselementen wie Stil, Selbstverständnis, Fähigkeiten. Der Strukturglaube räumte das Feld für neuere Ansätze, die diese Stärken in den Vordergrund stellten.

Inzwischen treibt der Zeitgeist den Umschwung weiter voran. In dem Maße, wie Selbstverwirklichung und verwandte sozialpsychologische Anliegen an Gewicht gewinnen, richtet sich auch im Unternehmen die Diskussion verstärkt auf die Schaffung von Freiräumen und Motivation. Die Befehls- und Kontrollkultur, heißt es, ist abzulösen durch Organisationsformen, die geprägt sind von Eigeninitiative und Selbstbestimmung.

Unsere Erfahrungen geben diesem Wertewandel in den Grundzügen recht. Organisation ist in der Tat nicht primär als Ordnungsprinzip zu verstehen, sondern als Entfaltungshilfe für Kreativität und Anpassungsfähigkeit. Und vor allem: Dreh- und Angelpunkt des Erfolges ist zweifellos das Engagement der Mitarbeiter. Anlaß zu Skepsis gibt zum Teil der eingeschlagene Weg: die Gefahr, daß im diffusen Bemühen, es »jedem recht zu machen«, die klare Richtung verlorengeht und daß – wie einst bei der Überbetonung der Struktur – auch jetzt die nötige Ausgewogenheit auf der Strecke bleibt.

Die besonders erfolgreichen Unternehmen scheinen das Dilemma gelöst zu haben. Als Leitmotiv läßt sich wieder die überlegene Einfachheit ausmachen. Sie kommt zum Ausdruck in eindeutigen strategischen Signalen der Unternehmensleitung: Vorgabe einer klaren Vision, Schaffung entsprechender Strukturen und Abläufe, Mobilisierung der Mitarbeiter. Und diese werden auf operativer Ebene ebenso eindeutig in konkrete Anforderungen umgesetzt:

- ⇛ Vision: akzeptierte, einfache Ziele
- ⇛ Strukturen und Abläufe: selbststeuerungsfähige dezentrale Einheiten
- ⇛ Mitarbeiter: Kompetenz, Flexibilität, Motivation.

Nur wenn alle drei Elemente gleichgerichtet zusammenwirken, können sie nachhaltig die Wettbewerbsfähigkeit stärken. Da sie in enger Wechselwirkung stehen, kann keines der Elemente ohne Konsequenzen für die anderen verändert werden. Im Idealfall entsteht in dieser Wechselwirkung und gleichgerichteten Anpassung ein einfaches »kybernetisches« System bis hin zur selbstlernenden Organisation.

Akzeptierte, einfache Ziele

Die Durchlaufzeit eines Kundenauftrags, vom Eingang der Bestellung bis zur Auslieferung der fertigen Komponenten, von 15 Tagen auf einen Tag zu verkürzen, ist zunächst einmal ein anspruchsvolles Ziel. Ist es erreicht, wird es zum schlagkräftigen Wettbewerbsfaktor. Dazwischen aber wurde, abgesehen von den unvermeidlichen Hochs und Tiefs, noch etwas mindestens so Wichtiges erreicht: die gemeinsame Aufgabe hat eine Mannschaft zusammengeschweißt, die Außergewöhnliches kann, sich Höchstleistungen zutraut und hoch motiviert ist, die Erfahrung zu wiederholen.

Das amerikanische Unternehmen Allen-Bradley, bei dem die Geschichte sich vor einigen Jahren abspielte, gab damit ein Schulbuchbeispiel von dem, was Akzeptanz und Identifikation mit einem gemeinsamen Ziel erreichen können. Gleichzeitig war es ein Schulbeispiel dafür, wie Ziele zu sein haben, wenn sie diese Wirkung entfalten sollen:

- ⇛ *Eindimensional*, um Transparenz und Verständlichkeit zu sichern. Ausgangssituation (15 Tage zwischen Eingang und Ausgang) und angestrebter Endzustand (Ausführung innerhalb eines Tages) konnten unzweideutiger nicht sein.
- ⇛ *Markt- und kundenorientiert,* denn durch die kurze Lieferzeit konnten sich die OEMs, die normalerweise zwei Komponentenhersteller am Lager führten, die eigene Lagerhaltung sparen.

- ⇛ *Grob richtungweisend* auf der strategischen Ebene. Das Ziel – «von 15 auf 1« – ließ viel Spielraum für die Wahl des Lösungsweges.
- ⇛ *Leistungsbezogen* auf der operativen Ebene mit konkreten Vorgaben: Zwischenziele für Termine und Funktionen – z.B. Auftragsabwicklung, Fertigung, Verpackung und Auslieferung – gaben allen Beteiligten jederzeit die nötige Orientierungshilfe.
- ⇛ *Entkoppelt von anderen Zielgrößen,* also kein Abgleich oder »trade-off« notwendig, der meist Inhalte und Verantwortlichkeiten verschwimmen läßt und außerdem Prozesse und Systeme kompliziert.
- ⇛ *Glaubwürdig durch eine neutrale Instanz:* Ausgehend vom Gesamtvorstand und abgeleitet vom Kundennutzen, konnte das Ziel weder für irrelevant noch für unerreichbar erklärt werden. Außerdem war es positiv, auf Markterfolg ausgerichtet, und jedermann konnte sich leicht damit identifizieren.

Ziele dieser Qualität sind der erste und vielleicht der wichtigste Schritt zu wettbewerbsüberlegener Kompetenz und Motivation. Daß er keineswegs immer gelingt, weiß jeder, der erlebt hat, wie kühne Visionen der Geschäftsleitung im operativen Bereich unbekannt blieben oder als »völlig unmöglich« abgetan wurden. Oder auch das kennt jeder: die Geschäftsleitung, die zwischen den 101 Tagesproblemen keine Zeit für strategische Weichenstellung hat, weil sie sich ja so detailliert mit allen operativen Einzelheiten auseinandersetzen muß, um die nötigen Handlungsanweisungen erteilen zu können. Beides führt weder zu einfachen, realistischen Zielen, die durchgängig verstanden und als Handlungsmaxime akzeptiert werden, noch zu Eigenständigkeit und Initiative.

Überdurchschnittlich erfolgreiche Unternehmen dagegen demonstrieren immer wieder, auf strategischer und operativer Ebene, ihre hohe Kunst der eindimensionalen Ziele, die ganz konkreten Kundennutzen in Form von Kosten, Geschwindigkeit oder Qualität im Visier haben, aber durchaus eine simultane Verbesserung auch anderer Dimensionen erlauben, und deren Erfüllung immer leicht meßbar ist. Und sie wissen auch, was um jeden Preis zu vermeiden ist: übergroße Detaillierung, die den Antrieb zu Eigeninitiative erstickt, oder zu lange Planungshorizonte, die den ganzen Prozeß ins allzu Theoretische abgleiten lassen.

Die wichtigste *eindimensionale Zielvorgabe* scheint im Maschinenbau die Personalproduktivität zu sein. Gemessen in Wertschöpfung pro Mitarbeiter, bringen es hier Spitzenunternehmen oft auf den doppelten Wert ihrer weniger erfolgreichen Wettbewerber. Daß dies teilweise zu Lasten der Anlagenproduktivität geht, ist kein Versehen, sondern wird gewollt (Schaubilder 1, 2). Größtenteils auf diese Weise schaffen es im übrigen führende japanische Hersteller, die Personalproduktivität guter europäischer Unternehmen noch einmal um das Doppelte zu übertreffen: Während westliche Unterneh-

Mit hohen Investitionen fördern erfolgreiche Unternehmen besonders die Personalproduktivität

Personalproduktivität und Investitionsquote

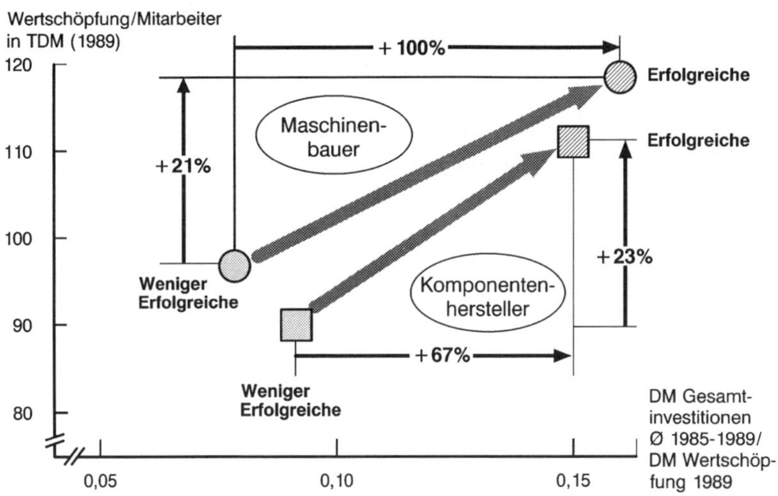

Schaubild 1

... dagegen legen die Erfolgreichen weniger Gewicht auf die Anlagenproduktivität

Personal- und Sachanlagenproduktivität 1989

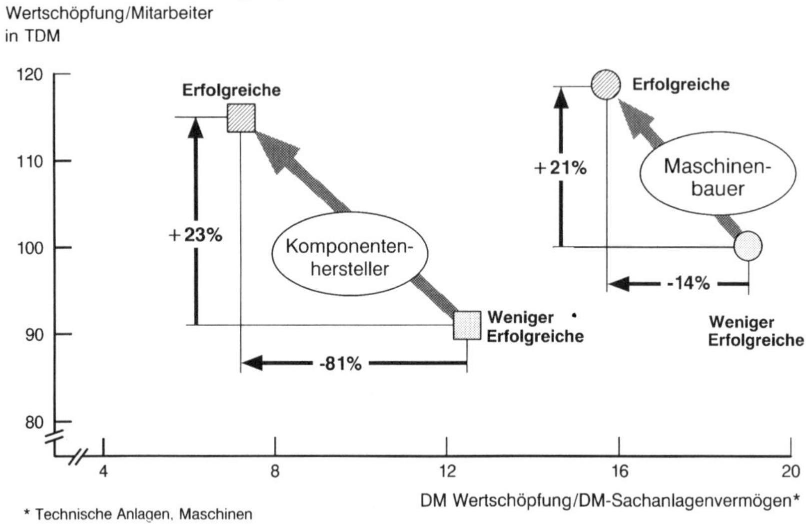

Schaubild 2

men oft in Spitzentechnologien investieren und damit aufwendige Infrastrukturen (z.B. Qualitätswesen, Materialwirtschaft, Instandhaltung, Rüst- und Maschinenführer) benötigen, konzentrieren sich die Japaner darauf, die Produktion auf einem hohen Niveau zu stabilisieren, was sie dann in die Lage versetzt, diese Infrastrukturen dramatisch abzubauen. Hilfreich sind dabei auch das Teamkonzept, das alle notwendigen Funktionen integriert, sowie die häufig geringere Produktvielfalt.

Durch *grob richtungweisende Vorgaben einer »neutralen« Stelle* setzen sich die erfolgreichen Maschinenbauer und Komponentenhersteller deutlich von den weniger erfolgreichen ab. So zum Beispiel bei der Optimierung der Fertigungstiefe. Hier geben die Erfolgreichen eine globale Quantifizierung vor – meist durch Festlegung der

Kernbereiche, in denen eine technologische Differenzierung angestrebt wird – und überlassen die Detaillierung den dezentralen Bereichen. Die weniger Erfolgreichen hingegen versuchen häufig, für einzelne Funktionen stark detaillierte Kostensenkungsziele, verbunden mit Einzelentscheidungen über die Fertigungstiefe, festzuschreiben.

Träger der Entscheidungen über Eigen- oder Fremdfertigung ist bei erfolgreichen Unternehmen häufig der »neutrale« Gesamtvorstand oder eine ähnliche Stelle; dagegen fallen die strategischen Entscheidungen bei weniger Erfolgreichen in den von der Maßnahme betroffenen Bereichen – was weder der Objektivität der Entscheidung noch ihrer späteren Umsetzung förderlich ist.

Ähnliches gilt auch für die Fertigungsplanung und Steuerung: erfolgreiche Unternehmen begnügen sich mit einer *Grobplanung* der Teilefertigung, also mit einem Zeithorizont von ca. 80 bis 90 Tagen – Termine, die überschaubar sind und gute Chancen haben, eingehalten zu werden. Andere versuchen, detailliert über 150 bis 200 Tage zu planen – erfolglos und mit hohem Änderungsaufwand belastet.

Zu eindrucksvollen Verbesserungen führt auch die konsequente Übung, gewohnte *»trade-offs« zu entkoppeln,* beim Setzen von Zielen jeden Abgleich mit anderen Zielen zu vermeiden. Ein extremes Beispiel fand sich in der Teilefertigung eines japanischen Werkzeugmaschinenbauers: Es gab keinen Richtwert für die optimale Losgröße. Auf die Frage nach dem Grund für diese scheinbare Unterlassungssünde hatten die Gesprächspartner gleich drei Argumente parat:

1. Unser Präsident ist schon so alt, daß er diese komplizierten Rechnungen nicht mehr verstehen könnte.
2. Es kommen immer wieder Abgänger von den Hochschulen, die versuchen, mit Ansätzen wie der Andlerschen Losgrößenformel die optimale Losgröße für mehrere Tausend Teile und Hunderte von Maschinen zu berechnen. Ihre Bemühungen enden jedesmal

in der Diskussion darüber, welche Maschinen, Teile und Kostenelemente in die Rechnung aufgenommen werden müssen. Heraus kommen meist sehr komplizierte Rechnungen, die je nach Standpunkt richtig oder auch falsch interpretiert werden können. Zu einem Optimum führen sie selten.

3. Wie kann man mit einer Losgrößenoptimierung jemanden motivieren? Nehmen wir an, eine Optimierungsrechnung stellt fest, daß die Losgröße zu hoch ist. Wenn wir sie dann verkleinern, vermindern wir die Bestandskosten, aber die Rüstkosten steigen. Es ist ein Dilemma, das nur eine sehr komplexe Rechnung lösen kann. Und selbst diese Rechnung ist dann auch nur für dieses Teil auf dieser Maschine zu diesem Zeitpunkt richtig. Da entkoppeln wir lieber die beiden Aufgaben und machen jemanden verantwortlich für die Rüstkosten und jemanden anderen für die Bestandskosten. Werden dann zum Beispiel die Rüstkosten durch neue Technologie und Abläufe erheblich gesenkt, kommen wir automatisch zu einer sehr kleinen Losgröße. Wenn die Rüstzeiten nur noch Minuten dauern, ist die optimale Losgröße außerdem kein Problem mehr. Und schließlich: beide Kostenverantwortliche werden durch ihre Erfolge motiviert, statt sich in Streitereien über die richtige Losgröße aufzureiben.

Durch Entkoppeln des »trade-off« hatte man hier erreicht, daß nicht mehr innerhalb bestehender Vorgaben optimiert wurde, sondern diese selbst in Frage gestellt wurden. Da ein Abgleich nicht mehr nötig war, konnte man einfache, erreichbare Ziele setzen. Man hielt sich nicht damit auf, das Optimum im Schnittpunkt feststehender Rüstkosten- und Bestandskosten-Kurven zu suchen, sondern die ganzen Kurven wurden verschoben (Schaubild 3). Für die Flexibilisierung der Fertigung und die Optimierung von Losgrößen ist auf diesem Wege mehr zu erreichen als mit den ausgefeiltesten Konzepten und hochdimensionierter Systemunterstützung.

Bewiesen haben das im übrigen auch japanische Automobilhersteller bei der Entwicklung ihrer Umrüsttechnologien und Abläufe für große Pressenstraßen. Sie rüsten inzwischen bei 1000-t-Großstu-

Die aufwendige Suche nach dem Losgrößen-Optimum umgehen die Japaner durch Entkopplung des Problems

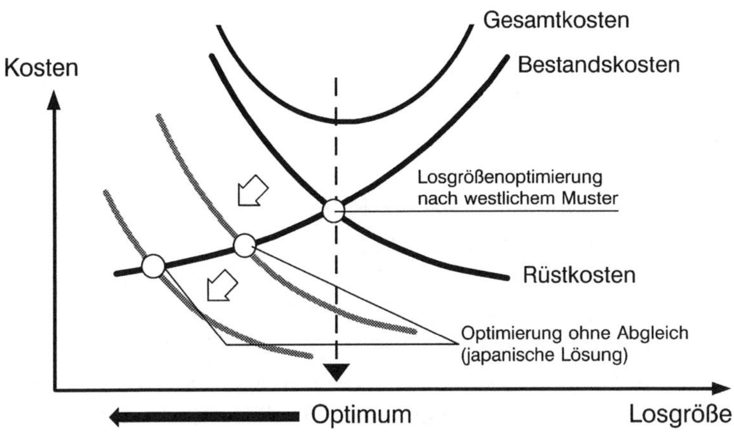

Schaubild 3

fenpressen in der Regel in weniger als fünf Minuten um, bei ihren jährlichen Wettbewerben oder als Spitzenleistung einzelner »Pressereien« werden schon drei Minuten unterschritten. In westlichen Unternehmen liegen die Werte nicht selten bei 20 Minuten.

Der Unterschied, der für die Führung mittels einfacher, realistischer Ziele entscheidend ist, betrifft die gesamte Arbeitskultur. Zum Beispiel beschäftigen sich Organisationsabteilungen deutscher Unternehmen oft ausführlich mit der Organisationsstruktur, der Festlegung von Arbeitsinhalten bis hin zu detaillierten Stellenbeschreibungen, dagegen gilt der meiste Aufwand in Japan der Beschreibung der Ziele einer Organisation. Ein Japaner fand für diesen Unterschied einmal in einem Gespräch diese Analogie: «Ihr Deutschen seid organisiert wie Krebse. Mit eurer harten Schale habt ihr ein klar definiertes Äußeres; ihr legt großen Wert auf diese Abgrenzung, aber sie engt euch auch ein. Unsere Organisation ist eher wie eine Qualle. Natürlich hat sie auch eine Außenhaut, mit der wir uns gegenüber der Umwelt abgrenzen, doch sie ist flexibel und paßt sich immer wieder neuen Anforderungen und Bedingungen an.«

In Deutschland, war sein Eindruck, wird meist mehr Wert auf die detaillierte Abgrenzung zu anderen organisatorischen Einheiten gelegt. Es wird genau beschrieben, wo die Entscheidungskompetenz des einzelnen anfängt, und wo sie aufhört, bis hin zu operativen Anweisungen, was man in welchem Fall zu tun hat und was nicht. In Japan kommt es mehr auf die Festlegung des »Zentrums« oder der Ziele für die eigene Organisationseinheit an; die Abgrenzung zu anderen Einheiten ist flexibel und kann situationsbedingt immer wieder neu angepaßt werden. Damit wird für die Einheit beschrieben, was sie in welchem Zeitraum erreichen soll. Der Weg und die dafür eingesetzten Mittel bleiben offen. Da diese Einheiten später an ihrer Zielerreichung gemessen werden, ja häufig mit anderen Abteilungen – z.B. Bereiche in unterschiedlichen Werken – im Wettbewerb liegen, entsteht eine transparente, konstruktive Leistungskultur. Ziele sollten nicht von den (strukturellen) Mitteln bestimmt werden; sonst scheitern auch die besten Visionen vom Kundennutzen an fehlendem Unternehmertum und Motivation auf der Ebene, wo sie umgesetzt werden müssen.

Selbststeuerungsfähige dezentrale Einheiten

Das unternehmerische Verantwortungsgefühl der Mitarbeiter, dem die Spitzenunternehmen – wie sie sehr wohl wissen – einen großen Teil ihres Erfolges verdanken, fördern sie nicht zuletzt durch die Gestaltung von Strukturen und Abläufen. Schlagworte, die bei den weniger erfolgreichen Wettbewerbern als Lippenbekenntnis ebenfalls durchaus gängig sind, sind bei den Erfolgreichen mit sehr konkreten Inhalten gefüllt. Das gilt für die viel beschworene »Markt- und Kundenorientierung« ebenso wie für »Kosten-/ Nutzenverantwortung« oder »Delegation«. Sie finden sichtbaren Ausdruck in selbststeuerungsfähigen dezentralen Einheiten.

Markt- und Kundenorientierung. Während die weniger erfolgreichen Maschinenbauer und Komponentenhersteller hauptsächlich funktionale Strukturen aufweisen, organisieren sich etwa 70 Prozent der Spitzenreiter marktnah nach Produkten oder Produktgruppen. Alles andere, so ihre Überzeugung, fördert nicht den Unternehmenserfolg, sondern in erster Linie die Bürokratie. Entsprechend sind nur 23 Prozent der Besten funktional organisiert, und sehr wenige sind noch Anhänger komplizierterer Strukturen wie der Matrixorganisation (Schaubild 4).

Gebildet werden die überschaubaren, marktnahen Einheiten nach unterschiedlichen Kriterien, im wesentlichen bestimmt durch die Breite des Produktprogramms. Ein-Produkt-Unternehmen etwa

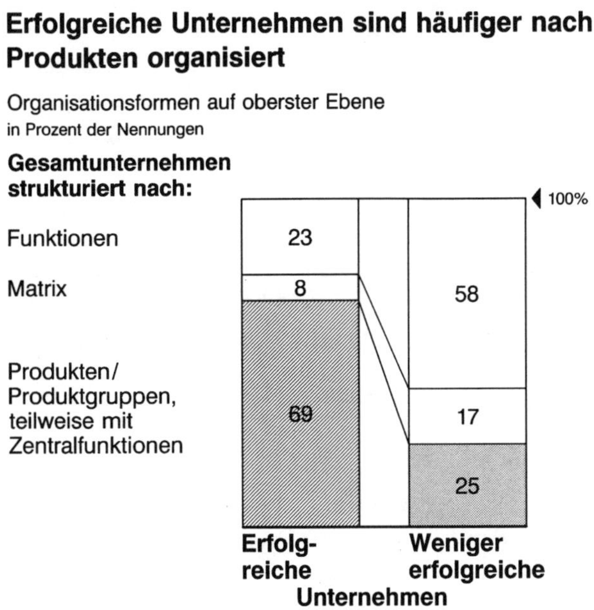

Schaubild 4

schneiden ihre organisatorischen Einheiten vorrangig so, daß die Kernabläufe, die direkt auf den Unternehmenserfolg wirken, gestärkt werden. Dabei entstehen dann Einheiten oder Projektteams wie »Auftragsabwicklung«, zuständig für den Kundenauftrag vom Eingang bis zur Auslieferung, oder »Produktentwicklung«, wo sowohl die Produktspezifikation als auch der Serienhochlauf und alle dazwischenliegenden Aufgaben angesiedelt sind.

Bei Mehr-Produkt-Unternehmen«, speziell dann, wenn für die einzelnen Produkte oder Segmente unterschiedliche Marktanforderungen gelten, werden die Struktureinheiten um Produkte herum organisiert. Gerade bei den Spitzenunternehmen ist diese Produktorientierung ein hervorstechendes Merkmal. Dabei ist der Grundsatz verbreitet, daß Produkte oder Leistungen, für die ein externer Markt – und damit auch ein Marktpreis – existiert, auf diesem Markt konkurrieren müssen. Das heißt, jede Organisationseinheit muß als Profit Center in Lieferanten- und Kundenkontakt treten und sich im Wettbewerb mit alternativen Beschaffungsmöglichkeiten behaupten. Gibt es keinen nennenswerten externen Markt, so ist die Organisation in Cost Center als noch einfachere Alternative vorzuziehen.

Profit- und Cost-Center-Strukturen sind nach den Ergebnissen der McKinsey-Langzeitstudie bei den erfolgreichen Maschinen- und Komponentenherstellern in acht von zehn Fertigungsstandorten etabliert. Speziell Cost Center sind bei den weniger Erfolgreichen hingegen kaum verbreitet; bei ihnen herrscht die Organisation nach funktionalen Kostenstellen vor, die über vorgegebene Budgets gesteuert werden (Schaubild 5).

Kosten-/Nutzenverantwortung. Analysiert man in funktionalen Organisationen den Einfluß eines Produktionsleiters auf das Preis/Leistungsverhältnis seiner Endprodukte, so stellt sich heraus, daß er auf das Produktdesign – und damit auf die Produzierbarkeit der Produkte – kaum einwirken kann. Ebenso liegt der Einkauf, der bei

Erfolgreiche Unternehmen steuern Fertigungsstandorte häufiger als Cost-Center

Steuerung der Produktionsstandorte
in Prozent der Nennungen

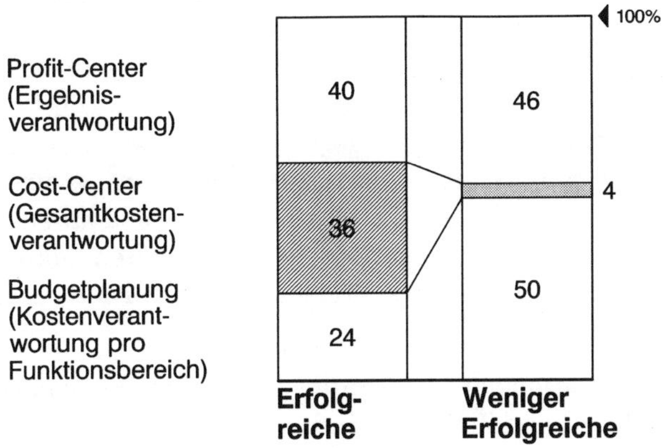

Schaubild 5

50 Prozent Materialanteil in der Regel für einen großen Kostenblock verantwortlich ist, außerhalb seiner Einflußnahme. Und sogar die Infrastruktur wie Qualitätssicherung, Instandhaltung oder auch Werksplanung kann der Fertigungsleiter nur in den seltensten Fällen so beeinflussen, daß er optimale Preis-/Leistungsstrukturen erreichen könnte. Mehr als die Produktivität des direkten Personals unterliegt nicht seiner eigenen Entscheidung. Und selbst hier wird er von der zentralen Personalabteilung noch so weit bevormundet, daß er kaum verantwortlich bestimmen kann, wie weit seine Produktivitätsziele erreicht werden.

Danach beeinflußt der Fertigungsleiter in funktionalen Strukturen nicht mehr als 15 bis 25 Prozent der Herstellkosten. Ist seine Einheit hingegen als selbststeuerungsfähiges Profit Center organisiert, kann er seinen Einfluß auf das Preis/Leistungsverhältnis der Produkte mit 70 bis 80 Prozent ansetzen.

Eine Veränderung in Richtung Profit Center bedeutet vor allem, daß sämtliche Rollen an den Schnittstellen zwischen den einzelnen Funktionen neu definiert werden müssen. Ein Mitspracherecht des neuen Profit-Center-Leiters »Fertigung« beim Produktdesign bedeutet Einflußnahme auf die Komplexität und Vielzahl der Teile. Das treibt unweigerlich fertigungsgerechtes Konstruieren der Komponenten und Subsysteme voran. Außerdem wird es ureigenstes Interesse des Profit-Center-Leiters sein, im Zusammenspiel mit dem Einkauf die Fertigungstiefe so zu gestalten, daß die Kostenstruktur ein überlegenes Preis/Leistungsverhältnis der Produkte ermöglicht.

Auch die Integration der Lieferanten und die Optimierung der logistischen Abläufe sind Ziele, die ein Leiter Fertigung in einem funktionalen System niemals erreichen kann. Dazu sind die zentralen Infrastrukturen, die er in Anspruch nehmen muß, zu unbeweglich und unübersichtlich. Bei Umwandlung in ein produktbezogenes Profit Center werden diese internen Ressourcen – wie Qualitätssicherung, Materialwirtschaft, Instandhaltung – zumindest teilweise dezentral zugeordnet; strategische Ausrichtung und kundengerechte Leistung werden deutlich einfacher.

Die Japaner verwenden für diese Veränderung den Begriff »kritische operative Verantwortung«. Die Grundidee hinter den kritischen operativen Einheiten ist, daß in Abläufen, die für den Unternehmenserfolg von entscheidender Bedeutung sind, keine Schnittstellen auftreten sollten, die eine Gesamtoptimierung verhindern oder erschweren. Schneidet man diese Einheiten richtig, so entsteht die Homogenität, die über den gesamten Ablauf vom Kundenwunsch bis zur Auslieferung an den Kunden eine Optimierung des Kosten/Leistungsverhältnisses zuläßt.

Delegation von Verantwortung. Homogene, grundsätzlich selbststeuerungsfähige Einheiten allein sind schon ein Erfolg. Trotzdem können sie viel von ihrer Wirksamkeit einbüßen, wenn sie Strukturen ohne wirkliches Unternehmertum auf allen Ebenen bleiben. Die Definition von Kästchen im Organigramm und von formalen Rollen muß durch entsprechende Abläufe zur Wirkung gebracht werden. Verantwortung und Befugnisse müssen dort angesiedelt sein, wo der größte Beitrag geleistet werden kann – nur scheinbar eine Binsenweisheit, wie die tägliche Erfahrung eindrücklich beweist.

Zwar scheint die Tendenz, Probleme durch offene Diskussion aller Beteiligten zu lösen, heute fast überall zuzunehmen. Dagegen liegt bei der Regelung der Entscheidungsbefugnis noch vieles im argen. Die wirklich erfolgreichen Unternehmen delegieren Verantwortung bevorzugt an dezentrale Einheiten und Einzelpersonen, während die weniger Erfolgreichen noch sehr stark auf zentrale Entscheidungen Wert legen, die vorwiegend in Teams oder Gremien in gemeinsamer Verantwortung getroffen werden (Schaubild 6).

Erfolgreiche Unternehmen pflegen einen kooperativen Führungsstil, jedoch mit individueller Verantwortung

Beschreibung des Führungsstils
in Skalenwerten

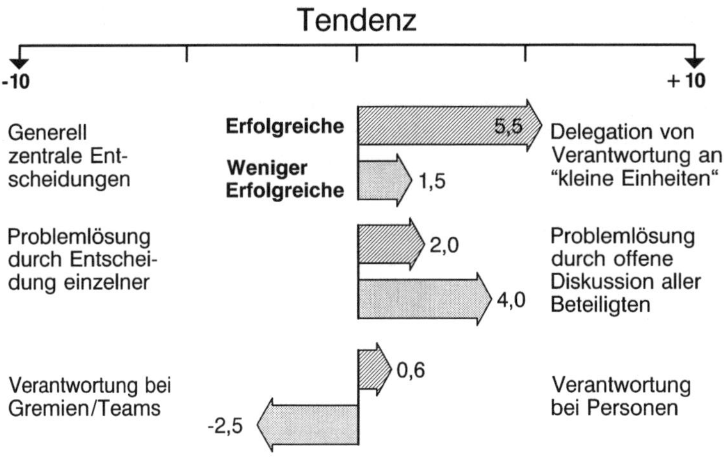

Schaubild 6

Eine aufschlußreiche Meßgröße für die Delegation von Verantwortung ist die Obergrenze von Investitionsentscheidungen auf unterschiedlichen Hierarchieebenen: Vorstands- oder Geschäftsleitungsmitglieder von erfolgreichen Unternehmen dürfen über etwa doppelt so hohe Investitionssummen entscheiden wie ihre Kollegen in weniger erfolgreichen Unternehmen, die zudem oft vier oder fünf Unterschriften zur Legitimation brauchen. Auf der zweiten Führungsebene wird der Unterschied noch deutlicher. Können Manager erfolgreicher Unternehmen über eine Investitionssumme von im Durchschnitt 800.000 DM verfügen, so ist die freie Verfügung bei weniger erfolgreichen Unternehmen nur bis zur Höhe von 160.000 DM vorgesehen.

Auch ihre kürzeren Durchlaufzeiten und damit geringeren Bestandsreichweiten in der Fertigung verdanken zum Beispiel die erfolgreichen Maschinenbauer größtenteils ihrer weitergehenden Delegation von Verantwortung. Denn durch strikte Einhaltung der geplanten Abarbeitungsfolge reduzieren sie ihre Arbeitsvorräte auf ein Minimum, z.B. 15 Tage im Fertigungsteilbereich, sechs Tage in den Maschinengruppen und zwei Tage auf der Maschinenebene. Möglich werden diese Spitzenwerte nur durch die Praxis der Meistersteuerung: die Feinplanung liegt beim Meister, der die Abarbeitung der Arbeitsvorräte »vor Ort« durchplant und realisiert. Die weniger erfolgreichen Maschinenbauer planen und steuern 80 Prozent ihrer Fertigung noch zentral – und ihre Arbeitsvorräte betragen auf Maschinenebene 22, auf der Maschinengruppen- oder Meisterebene 30 Tage, in Fertigungsteilbereichen sogar 44 Tage.

Ähnliche, nicht ganz so dramatische Unterschiede bestehen bei den Komponentenherstellern. Allerdings wirkt hier das Delegationsverhalten genau entgegengesetzt. Mit ihren sehr viel stabileren Prozessen und höheren Losgrößen können Komponentenhersteller mit Erfolg die gesamte Feinplanung und Durchführung der zentralen Produktionssteuerung oder dem Fertigungsbereich überlassen.

Wie zentral oder dezentral Verantwortung und Kompetenz anzusiedeln sind, ist also immer abhängig von der Situation. Stabile Prozesse mit geringer Schwankung und großen Volumina können relativ leicht zentral über Systeme geplant und gesteuert werden. Je komplexer und aufwendiger die Prozesse, je mehr Störgrößen und Einflußfaktoren einwirken, um so mehr spricht für dezentrale Lösungen, bei denen die Entscheidungsträger direkt und anhand kurzer Feed-back-Schleifen Probleme erkennen und Gegenmaßnahmen ergreifen können.

Wichtig dabei ist, daß die grobe, strategische Zielsetzung in konkrete operative Ziele über alle Ebenen – z.B. in der Produktion bis auf die Meister- oder Maschinenebene – heruntergebrochen wird. Entsprechen diese Ziele den eingangs beschriebenen Kriterien, so wird eine Führung vor Ort machbar. Die Ziele sind überschaubar, einfach und ihre Relevanz für den Markterfolg ist erkennbar; die Mitarbeiter haben auch alle Kompetenzen, die sie brauchen, um die Ziele zu erreichen.

Wer kennt nicht vom Besuch japanischer Fertigungsstätten die Anzeigetafeln, die für einen Fertigungsabschnitt laufend Soll/Ist-Vergleiche der zu produzierenden Stückzahlen oder auf der Maschinenebene den Nutzungsgrad oder die Rüstkosten ausweisen. Daß immer Zielgrößen, meist auf Jahresbasis, und momentaner Ist-Stand ausgewiesen werden, dokumentiert klar die Forderung nach einer kontinuierlichen Verbesserung – die im übrigen als »Zielerreichung« auch die Basis für die Entlohnung bildet. Schafft ein Unternehmen es, durchgängig vom Vorstand bis auf die Meisterebene Ziel-Bewußtsein und persönliches Engagement zu mobilisieren, entsteht eine »Leistungskultur«, die selbst einen Wettbewerbsvorteil darstellt.

Die Zuordnung von Aufgaben und Kompetenzen treffsicher zu regeln, scheint zum Beispiel beim Einsatz computergestützter Systeme wichtiger zu sein als die Wahl einer aufwendigen Technologie. So setzen die erfolgreichen Maschinenbauer in Prozent ihrer Wertschöpfung nicht einmal halb soviel für EDV-Hardware und -Software ein als weniger Erfolgreiche. Trotzdem ist ihre Personalproduktivität in der Verwaltung doppelt so hoch: Pro 100 Millionen DM Wertschöpfung brauchen sie 63 Mitarbeiter, gegenüber 133 bei den weniger Erfolgreichen.

Eine wesentliche Ursache für den Effizienzvorsprung dürfte die ausgeprägte Bereichsverantwortung bei den erfolgreichen Unternehmen sein: Für Kosten und Projekterfolg einer EDV-Systemeinführung machen sie den anwendenden Bereich direkt verantwortlich. Das hat zur Folge, daß die Lösungen zielgerechter und in kürzerer Zeit mit weniger Ressourceneinsatz entwickelt werden – und daß der Projektverantwortliche ein direktes Eigeninteresse daran hat, die veranschlagten Nutzenpotentiale auch tatsächlich zu realisieren. Weniger erfolgreiche Unternehmen dagegen bevorzugen den standardisierten Projektablauf, der noch dazu zentral gesteuert wird. Entsprechend gering ist der Erfolg.

Kompetenz, Flexibilität, Motivation

Mitarbeiter sind, entgegen manchen modischen Beteuerungen, für den Unternehmenserfolg nicht alles. Aber eines stimmt mit Sicherheit: Ohne sie, genauer: ohne ihr engagiertes Mitziehen, ist alles nichts. Auch selbststeuerungsfähige Einheiten mit dezentraler Verantwortung schaffen zwar eine gute Basis für die Erfüllung anspruchsvoller Ziele und für mehr Wettbewerbskraft. Praktische Wirklichkeit wird das alles aber nur durch überragende Kompetenz und Flexibilität, getragen von einer hochmotivierten Mitarbeiterschaft.

In vielen Branchen ist dies sogar der einzige strategische Wettbewerbsvorteil, denn er muß, im Gegensatz zu relativ schnell imitierbaren Produkten oder Serviceangeboten, über lange Zeiträume aufgebaut und gepflegt werden. Gleichzeitig aber sind Kompetenz und Motivation keine dauerhaften Größen. Es kann sogar gefährlich sein, zum Beispiel an bewährter Kompetenz, die in der Vergangenheit ein Erfolgsgarant war, festzuhalten, obwohl ihre Inhalte aus Wettbewerbs- oder Technologiegründen längst obsolet geworden sind. Um so wichtiger, wiederum, ist Flexibilität – und Motivation zur Anpassung.

Kompetenz im Wandel. Daß die Marketingkompetenz, die in der Konsumgüterindustrie zur Marktführerschaft verhilft, im Technologie-bestimmten Investitionsgütergeschäft wenig ausrichten kann – und umgekehrt – haben die Erfahrungen mit Konglomeraten schmerzhaft bewiesen. Zu unterschiedlich sind die Haupterfolgsfaktoren, sei es der Faktor Zeit in der Unterhaltungselektronik, die Lebenszykluskosten bei Anlagegütern oder die Produktqualität bei Komponenten. Die geforderte Kompetenz wechselt aber auch über Zeit, sowohl im Lebenszyklus von Branchen als auch – meist noch weniger gut verstanden – im Lebenszyklus einzelner Produkte. Dies rechtzeitig zu erkennen und die Kompetenz eines Unternehmens darauf auszurichten, ist meist entscheidend für den Aufstieg oder Niedergang eines Unternehmens.

Der Wechsel von Mechanik zu Elektrik zu Elektronik zu Software in Bereichen wie Uhren, Meßgeräten, Büro- und Werkzeugmaschinen ist das inzwischen klassische Beispiel für den Wertverfall einst dominanter Stärken. Er zeigt sich am Markt ebenso wie intern, zum Beispiel in den Entwicklungsabteilungen, wo der früher vorherrschende Mechaniker weitgehend vom Physiker und Elektroniker abgelöst worden ist.

Über den Lebenszyklus einzelner Produkte betrachtet, ist das Unternehmen erfolgreich, das als erstes eine neue Technologie einführen und dabei deren Kundennutzen zu akzeptablen Preisen vermarkten kann. An Kompetenz ist dazu vor allem eine fundierte Kenntnis der Anwender und der Technologie mit ihren jeweiligen Nutzenprofilen gefragt.

Ist die neue Technologie am Markt erfolgreich eingeführt, setzt häufig der Kampf um Marktpositionen ein. Gilt das Gebiet als attraktiver Zukunftsmarkt, so steigen mehr und mehr Anbieter in das

Segment ein, so daß das Angebot rasch größer sein kann als die Nachfrage. Der Wettbewerb, auch wenn er zunächst über die Produktqualität ausgetragen wird, entwickelt sich zwangsläufig mehr und mehr zum Preis-/Leistungskampf und schließlich zum reinen Kostenwettbewerb. Erst in dieser Phase entscheidet sich in der Regel, welche Systeme oder Standards künftig den Markt dominieren werden.

Die erforderliche Kompetenz verschiebt sich hier zwangsläufig von der Fähigkeit, Technologien im Markt einzuführen und Technologieführer zu sein, auf die Fähigkeit, Marktanteile global zu erschließen und langfristig zu verteidigen. Das bedeutet, daß Unternehmen nicht nur ihre technologische Differenzierung vorantreiben müssen. Sie müssen auch fertigungsgerechte Produkte oder Design-to-cost-Fähigkeiten entwickeln und in der Lage sein, ein weltweites Vertriebs- und Servicenetz aufzubauen. Hersteller, die dies nicht schaffen, verlieren ihre Wettbewerbsfähigkeit im Volumensegment. Dann bleiben nur zwei Möglichkeiten: sich eine prestigeträchtige, gut honorierte Nische zu erschließen oder auszuscheiden.

Der jahrelange Kampf um die Durchsetzung eines Videosystems illustriert die Problematik: Das technisch und qualitativ überlegene europäische System Video 2000, ebenso wie das japanische System Betamax von Sony, konnte sich gegenüber dem qualitativ guten, aber weit preisgünstigeren System VHS nicht durchsetzen. Ausschlaggebend war hier, daß VHS mittels der Software die Systemführerschaft erringen konnte – auf dem Verleihmarkt von Videofilmen hatte das System schnell eine dominante Position erzielt.

Heute ringen die japanischen Systeme VHS und Video 8 um die Vorherrschaft im Camcorder-Bereich. Natürlich spielen hier beim Übergang zwischen zwei Phasen des Kundennutzens auch technische Faktoren wie Miniaturisierung, Bild- und Tonqualität sowie das Handling eine wichtige Rolle. Aber ohne die Kompetenz, die Herstellkosten dramatisch zu reduzieren, ist im – erfolgsentscheidenden – Volumensegment keine Wettbewerbsüberlegenheit zu erzielen.

Diese Kompetenz wird der deutschen Industrie von japanischen Wettbewerbern gelegentlich abgesprochen. Man nimmt an, daß dort, wo Automatisierung die Kostenposition bestimmt, deutsche Unternehmen sich schwer tun. Bei einer international besetzten Diskussionsrunde zum Thema Fabrikautomatisierung in Japan kam von einem japanischen Teilnehmer das Argument, das deutsche Meistersystem verhindere die rasche Automatisierung. Bei der anschließenden Vertiefung stellte sich heraus, daß die Japaner durchaus erkennen und bewundern, was die Meistersysteme in Deutschland an Kompetenz in Mechanik und Feinmechanik hervorgebracht haben. Man hegt jedoch große Zweifel, ob die Meister vom traditionellen Berufsverständnis her die Integration von Elektronik, Datenverarbeitung und Informationssystemen in die operativen Bereiche, tatsächlich »meistern« werden. Die Japaner sind der Überzeugung, daß Ausbildungssysteme her müssen, die Mechanik- und Elektronikkompetenz verknüpfen, also den Mechatroniker heranbilden.

Eine Absage an unser Meistersystem ist daraus sicher nicht abzuleiten. Doch ebenso steht außer Zweifel, daß die Ausbildung in Zukunft weit differenzierter konzipiert und durchgeführt werden sollte, um sich wandelnden Anforderungen gerecht zu werden. Jede Branche und jedes Unternehmen muß sich davor hüten, Fähigkeiten und Kompetenzen zu optimieren, die für die aktuellen oder künftigen Wettbewerbsbedingungen obsolet sind.

Bei den Maschinenbauern und Komponentenherstellern aus unserer Langzeitstudie ist es, zumindest in Spitzenunternehmen, weitgehend gelungen, die erforderlichen neuen technologischen Fähigkeiten auszubilden. Ihre technisch hervorragenden Produkte beweisen es. Die Schwierigkeiten, die auf dem Weg dahin überwunden wurden, sollten auch Mut machen für den jetzt vordringlichen Wettbewerb der Kostenstrukturen.

Etwa zehn Prozent Weltmarktanteil mußte der deutsche Werkzeugmaschinenbau verlieren, bevor er sich vorläufig stabilisieren konnte. Die Japaner hatten es Anfang der 70er Jahre exzellent verstanden, sich auf zukunftsträchtige Segmente wie Bearbeitungszentren oder Drehmaschinen und auf die Hauptabnehmermärkte, zum Beispiel die USA, zu konzentrieren und dort mit bedarfsgerechten Produkten im Volumensegment Fuß zu fassen. Außerdem schafften sie die Integration von Mechanik und Elektronik weit schneller als die deutschen Wettbewerber. Schon Anfang der 80er Jahre waren über 50 Prozent der produzierten Werkzeugmaschinen im japanischen Maschinenbau NC- oder CNC-Maschinen.

Heute kann der deutsche Maschinenbau Spezialsegmente und -anwendungen dank einer technologischen Führungsposition nach wie vor verteidigen. Teilweise erhebliche Kostennachteile sind aber, zumindest längerfristig, eine nicht zu unterschätzende Bedrohung. Hier ist wieder die entscheidende Frage: Wie schnell sind unsere Unternehmen in der Lage, die überlegene Kompetenz der Japaner – diesmal in den Herstellkosten – auszuhebeln?

Wesentliche Fortschritte sind im Vertrieb- und Servicebereich der deutschen Maschinenbauunternehmen bereits zu verzeichnen. So haben die erfolgreichsten Unternehmen ihre Marktbearbeitung, trotz insgesamt drastischem Personalabbau, erheblich verstärkt. Die Verkaufs- und Servicemannschaften pro 100 Millionen DM Umsatz wurden fast verdoppelt, während bei weniger erfolgreichen Herstellern nach wie vor die alten Strukturen bestehen. Wer hauptsächlich in den Servicebereich investiert hat – der selbst zu einem profitablen Geschäft wurde –, kann heute in allen Regionen und Segmenten größere Stückzahlen absetzen. Unternehmen, die jahrelang notgedrungen als Spezialisten auftraten, können so im Volumensegment gutes Geld verdienen.

Ganz entgegengesetzt ist die Entwicklung bei den Komponentenherstellern verlaufen. Hier haben erfolgreiche Unternehmen ihre Funktionen in Marketing, Service und Vertrieb im Verlauf von etwa fünf Jahren ungefähr auf ein Drittel reduziert. Die Spitzenreiter unter ihnen haben es hauptsächlich verstanden, den Servicebereich und die zentrale interne Vertriebsabwicklung so zu optimieren, daß sie im Idealfall mit ihren Abnehmern dieselben Systeme, Abläufe und Prozesse einsetzen. Nicht selten ist damit eine Produktivitätssteigerung um 200 bis 300 Prozent verbunden. Die weniger erfolgreichen Konkurrenten sind nach wie vor mit der alten Mannschaftsstärke am Markt aktiv – und auch ihre Produktivitätskennzahlen halten sich geringfügig unter dem damaligem Niveau.

Flexibilität für den Wandel. Wenn neue Anforderungen immer neue Fähigkeiten verlangen, kann eine traditionelle europäische Stärke – Spezialisierung bis zur Perfektion – nicht mehr so sicher als Erfolgsgarant wirken. Hier sind die Asiaten »von Hause aus« in gewisser Weise im Vorteil. Ein japanischer Manager brachte das bei einem Abendessen mit folgender Analogie zum Ausdruck. In Deutschland, sagte er, liegen beim Essen rechts drei oder vier Messer, links drei oder vier Gabeln, und über dem Teller sind unterschiedliche Löffel placiert. Ohne diesen Aufwand ist ein festliches Abendmenü nicht denkbar. Auf die Erwiderung, daß ein gut gedeckter Tisch ein schönes Bild böte und so ein festlicher Rahmen doch Spaß machen könne, sagte er: »Das ist alles richtig, aber es ist wieder typisch deutsch. Für alles, auch in der Fabrik, habt Ihr spezielle Werkzeuge, die von spezialisierten Mitarbeitern, die funktional organisiert sind, bedient werden.

Bei uns ist das ganz anders«, fuhr er fort. »Sehen Sie, heute essen wir nur mit zwei Stäbchen, und damit können wir alles handhaben, von der Suppe bis zu den Beilagen oder auch Fisch und Fleisch. Was wir einsetzen sind einfache Werkzeuge, und wir trainieren die Fähigkeiten der Mitarbeiter, diese einfachen Werkzeuge flexibel einzusetzen und zu verwenden, um allen Aufgaben gerecht zu werden.«

Sicher hat er nur zum Teil recht. An einer Transferstraße zum Beispiel finden wir in Deutschland häufig fünf funktional getrennte Mitarbeitergruppen aus Fertigung (Maschinenführer, Werkzeugwechsler und Einrichter), Qualitätswesen und Instandhaltung. In

Japan steht dagegen oft nur ein Team, von dessen Mitarbeitern jeder alle Funktionen wahrnehmen kann oder das zumindest in seiner Gesamtheit alle notwendigen Fähigkeiten und Kompetenzen bietet. Austausch oder Integration aller notwendigen Fähigkeiten, gepaart mit einem dialogischem Führungsstil, bewirkt hohe Flexibilität.

Unsere Ausbildungsideale fördern in der Tat häufiger das tiefe Verständnis eines Spezialgebiets als zum Beispiel übergreifendes Managementwissen, das notwendig ist, um integrierte Abläufe und Funktionen zu optimieren. Aber Spezialisierung muß nicht zum Hemmschuh werden – dann nämlich nicht, wenn die Lernfähigkeit, die sie ja auch mit sich bringt, als eigenständige Stärke zum Tragen gebracht wird.

Die Voraussetzungen sind im deutschen Maschinenbau nicht schlecht. Und zumindest die erfolgreichsten Unternehmen haben offenbar die Herausforderung angenommen. So sind sie beim Aufbau von Know-how durch Einstellung junger Fachkräfte aus anderen Unternehmen und aus der Wissenschaft deutlich risikofreudiger als ihre weniger erfolgreichen Wettbewerber: Im Top-Management stammen bis zu 50 Prozent der Mitglieder »von außen«, im Vergleich zu nur 20 Prozent »Externen« bei den schwächeren Konkurrenten. Ähnliches gilt auf der zweiten und dritten Ebene. (Natürlich können es sich die schnell wachsenden Unternehmen auch eher leisten, Stellen von außen zu besetzen, weil sie damit nicht interne Karrieren blockieren).

Die Stammbelegschaften bestehen bei den erfolgreichen Maschinenbauern zu fast 60 Prozent aus Facharbeitern, bei weniger Erfolgreichen nur zu 40 Prozent. Und die Erfolgreichen investierten im Zeitraum der Langzeitstudie jährlich über 800 DM pro Mitarbeiter in Weiterbildung – fast viermal soviel wie die Nachzügler der Branche.

Spätestens hier aber fällt der »menschliche Faktor« ins Gewicht. Kompetenz und Flexibilität lassen sich nur sehr begrenzt verordnen oder auch »antrainieren«. Nur motivierte Mitarbeiter werden den dringend notwendigen Schub in der unternehmerischen Leistung bewerkstelligen.

Motivation zum Wandel. Wenig dürfte so umstritten sein wie die Frage, was wen motiviert, oder auch, was jemanden dazu bringt, sich selbst zu motivieren. Eine gewisse Rangfolge der Motivationsfaktoren scheint sich aber abzuzeichnen. So spielt bis zu einem bestimmten Versorgungsniveau zweifellos die finanzielle Vergütung, verbunden mit einem erkennbaren Leistungsbezug, eine wichtige Rolle. Selbst Spitzenverdienste können aber erfahrungsgemäß nur vorübergehend zu Höchstleistungen anspornen. Wirkliche, anhaltende Motivation ist nur von qualifizierten und informierten Mitarbeitern zu erwarten, deren Qualifikations- und Informationsstand auch mit anspruchsvollen Aufgaben gefordert wird.

Bei den *Entlohnungssystemen* im deutschen Maschinenbau fällt auf, daß flexible Vergütungsbestandteile, wie erfolgs- und leistungsabhängige Prämien oder Boni, nur im Außendienst einen nennenswerten Anteil ausmachen.

Die Langzeitstudie im Maschinen- und Komponentenbau ergab über die Bedeutung einzelner Vergütungsformen ein uneinheitliches Bild. Von den beiden wesentlichen Formen des Leistungslohns – Akkord- und Prämienlohn – scheint sich der Akkordlohn nur noch bei weniger erfolgreichen Komponentenherstellern größerer Beliebtheit zu erfreuen. Prämienlohn scheint im wesentlichen bei einfachen transparenten Abläufen und Fertigungsprozessen motivationsfördernd einsetzbar: Er findet wenig Einsatz bei erfolgreichen Maschinenbauern und den schwächeren Komponentenherstellern, ist hingegen bei 30 Prozent der erfolgreichen Komponentenhersteller etabliert (Schaubild 7).

Generell liegt die Vermutung nahe, daß etablierte Entlohnungssysteme in Deutschland teilweise als Barriere gegen eine Anpassung

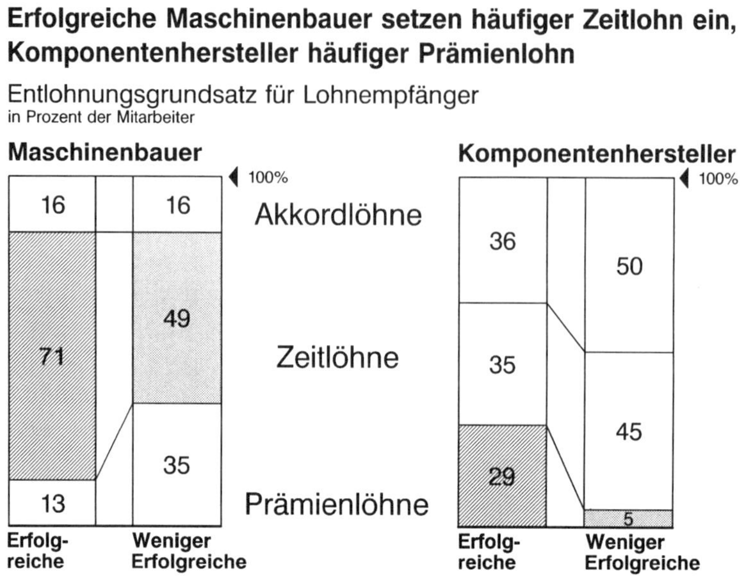

Schaubild 7

an neue Erfordernisse, wie z.B. Flexibilisierung der Arbeitszeiten oder der Einführung des Teamkonzeptes, wirken. Dies hat dann zur Folge, daß kontinuierliche Verbesserungen in vielen kleinen Schritten, die zum Beispiel das japanische System auszeichnen und so erfolgreich machen, nicht möglich sind. Wer kennt nicht die Diskussionen um die Anpassung von Akkord- oder Prämienlöhnen, die nur bei gravierenden Änderungen, zum Beispiel am Produkt, in der Fertigungstechnologie oder in den Abläufen, modifiziert werden können. Dies zementiert den Status quo und verhindert eine »Leistungskultur«, die den zunehmenden Anforderungen des internationalen Wettbewerbs gewachsen ist.

Die schnell zunehmenden betrieblichen *Qualifizierungsmaßnahmen* spiegeln sicher nur zum Teil Frustration über unzureichende Leistungen des öffentlichen Ausbildungssystems wider. Sie sollen

Lücken schließen, die durch wechselnde Anforderungen entstehen, sie sollen den mündigen Mitarbeiter fördern – und motivieren.

Bei den Aufwendungen für die betriebliche Weiterbildung fällt nicht nur die oben angesprochene Höhe der eingesetzten Mittel auf. Erfolgreiche Unternehmen zeichnen sich auch durch die Verteilung der Mittel aus. Während weniger erfolgreiche Unternehmen hauptsächlich in das Top-Management und die zweite Führungsebene investieren, ist bei den Erfolgreichen der Mitteleinsatz über die gesamte Hierarchie bis auf die Ebene der Werker verteilt (Schaubild 8).

Ein weiteres Phänomen fällt bei Spitzenunternehmen auf, und das erinnert an das Stichwort der Japaner vom »Mechatroniker«: Sie bilden ihre Mitarbeiter nicht nur zu funktionalen Spezialisten aus, sondern zu Fachleuten, die mehrere Funktionen wahrnehmen kön-

Erfolgreiche Unternehmen wenden mehr Zeit und deutlich mehr Mittel für Weiterbildung auf

Weiterbildung auf betrieblichen Ebenen
in Manntagen pro Mitarbeiter

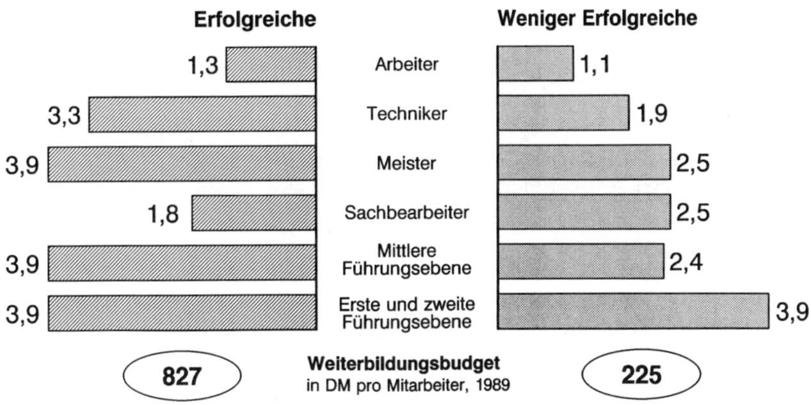

Schaubild 8

nen und ein breites Managementwissen mitbringen. Job-rotation, bei weniger erfolgreichen Unternehmen ein Schlagwort ohne realen Inhalt, ist bei Spitzenunternehmen Alltag. In der Entwicklung etwa war durchschnittlich fast ein Viertel der Mannschaft vorher im Produktionsbereich beschäftigt. In der Qualitätssicherung stammen knapp zehn Prozent aus dem Entwicklungsbereich, und selbst zwischen Qualitätswesen und Produktion haben sechs Prozent der Mitarbeiter im Zuge der Job-rotation gewechselt (Schaubild 9). Integration von Funktionen und Austausch von Fachwissen findet hier hauptsächlich über Personen und nicht über Systeme und komplizierte Prozesse statt.

Alles in allem scheint die Qualifizierungsoffensive angelaufen. Um eine wettbewerbsüberlegene Organisation zu schaffen und zu erhalten, muß sie sicher noch sehr viel intensiver und vor allem stärker zielgerichtet vorangetrieben werden. Hinzukommen muß aber

In erfolgreichen Unternehmen sammeln mehr Fachkräfte Erfahrung in verschiedenen Funktionen

Wechsel zwischen Funktionsbereichen

in Prozent der Gesamtzahl Fachkräfte

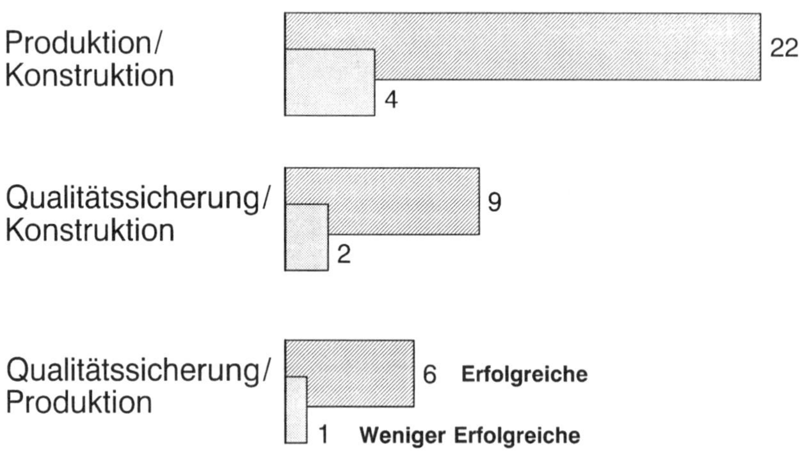

Schaubild 9

auch, und hier besteht möglicherweise der größte Nachholbedarf, umfassende Information und Einbeziehung der Mitarbeiter in Richtungssuche und Entscheidungen des Unternehmens. Dazu gehören nicht zuletzt – und damit schließt sich der Kreis – die Akzeptanz und Identifikation mit einem anspruchsvollen, aber realistischen Ziel, für das es sich »zu kämpfen« lohnt, entsprechende Freiräume für Unternehmertum, verbunden mit partnerschaftlichem Dialog.

Fazit

Schwer zu sagen, was genau eine Organisation, die Überschaubarkeit und Unternehmertum gedeihen läßt, im Wettbewerb an meßbaren Vorteilen bringt. Die Einfachheit allerdings, die den erfolgreichsten Unternehmen zu ihrer überragenden strategischen und operativen Leistungsfähigkeit verhilft, kommt ohne solche organisatorischen Rahmenbedingungen nicht zustande. Schwerer kopierbar als andere Stärken, wird die Organisation aber auch selbst zum Wettbewerbsfaktor – als Nährboden für eine Leistungskultur und eigenständige treibende Kraft für zielgerichtete Weiterentwicklung.

Wo das verwirklicht ist, wird Organisation nicht primär als Ordnungsfaktor verstanden, sondern als Entfaltungshilfe für Kreativität, Anpassungsfähigkeit und Umsetzungsstärke:

⇛ *Strategische Konzentration* richtet das Unternehmen auf einfache, breit akzeptierte Ziele aus: das Überschreiten klarer Nutzenschwellen im Angebot für den Kunden und die Stärkung der besonders leistungsfähigen Stufen der Wertschöpfungskette.

⇛ Reibungsverluste durch *Schnittstellen* werden auf ein unvermeidliches Minimum reduziert, weil Verantwortung und entsprechende Kompetenzen in selbststeuerungsfähigen dezentralen Einheiten angesiedelt sind. Sie optimieren im Außenverhältnis ihre Beziehungen zu wenigen, ausgewählten Lieferanten, und im Innern sorgen sie dafür, daß Kernabläufe wie Auftragsabwicklung oder Produktentwicklung nicht durch Ressortgrenzen behindert werden.

⇛ Die *Abläufe* in den besten Unternehmen bringen die gut geschnittenen »Kästchen im Organigramm« voll zur Wirkung. Weitreichende Entscheidungsbefugnisse, Delegation von Verantwortung, und Qualifizierung – über alle Hierarchieebenen – sichern Kompetenz, Flexibilität und Motivation. Zusammen mit partnerschaftlichem Dialog schaffen sie das unerläßliche Engagement für die anspruchsvollen Ziele, für die »es sich zu kämpfen lohnt«.

Um diese Kultur zu entwickeln, oder dort, wo sie verlorengegangen ist, neu zu etablieren, bedarf es häufig extremen Drucks von außen oder einer starken, visionären Führung durch die Geschäftsleitung. Diese kann – nicht durch Proklamieren oder Aufrufen, sondern durch praktisches »Vorleben« – diesen Kulturwandel umsetzen. Gelingt dies in kleineren oder mittleren Unternehmen häufig innerhalb eines halben oder ganzen Jahres, benötigen Großunternehmen dazu oft drei bis fünf Jahre. Wird diese »Leistungskultur« nicht geschaffen, ist ein schleichender Verlust an Wettbewerbsfähigkeit unvermeidlich, der durchaus im Konkurs von Unternehmen oder dem Verlust ganzer Industrien enden kann.

VII. Vom Konzept zum Programm: Die Einfachheit umsetzen

Einfachheit, wie bis hierher beschrieben, ist gut für Wachstum, Liquidität und Rendite. Das ist eine Erfahrung, die sich als roter Faden durch langjährige Beratungsarbeit in vielen Branchen und Ländern zieht. Anschauungsmaterial dafür liefern auch die punktuellen Analysen der Langzeitstudie, auf die das vorliegende Buch oft Bezug nimmt. Die Faktoren, die am engsten mit dem Erfolg der betrachteten Maschinenbauer und Komponentenhersteller korrelieren, sind in Schaubild 1 einmal stichwortartig zusammengestellt. Sie haben direkt mit Einfachheit zu tun. Dezentrale Entscheidungen etwa sind eine Bedingung für einfache Abläufe; im straffen Pro-

Schaubild 1

duktsortiment findet Einfachheit ihren sichtbarsten Ausdruck; und die höhere Wertschöpfung pro Mitarbeiter schließlich ist die wohl wichtigste Folge geringer Komplexität.

Nun ist allerdings solche Einfachheit längst kein Naturzustand mehr. Dazu ist der Impuls zu verbreitet und zu mächtig, auf komplexe Probleme mit komplexen Lösungen zu antworten. Die Stellhebel – Sortiments- und Kundenstruktur, Leistungstiefe, Konzentration und Integration der Lieferanten, Entwicklungsmanagement, Logistik, Technologie, Organisation – müssen also bewußt betätigt werden. Daß sie dann funktionieren, haben wir in den vorstehenden Kapiteln zu beschreiben und zu begründen versucht: durch strategische Konzentration auf wenige, entscheidende Zielgrößen und durch operative Einfachheit entstehen nachhaltige Wettbewerbsvorteile, die sich meßbar auf den Unternehmenserfolg auswirken.

Der Prozeß dieser Vereinfachung gerät fast ausnahmslos zum tiefgreifenden Kulturwandel, zu einem grundsätzlichen Veränderungsprogramm. Das wird oft unterschätzt. Und besonders weit unterschätzt wird die Bedeutung dessen, was im Kapitel VI »Organisation« als das Zusammenspiel der organisatorischen Rahmenbedingungen – Vision und strategische Zielsetzung, Strukturen und Abläufe, Mobilisierung der Mitarbeiter – beschrieben ist. Was das Verständnis erschwert, ist nicht, daß hier besonders komplizierte Anforderungen zu erfüllen sind; eher im Gegenteil, die einfachen Zusammenhänge und Verfahrensweisen können trügerisch simpel wirken und werden leicht entweder als trivial abgetan oder als »längst geregelt« abgehakt.

Doch die Unterschiede in der Leistung vergleichbarer Unternehmen derselben Branche, zwischen den Erfolgreichen und weniger Erfolgreichen, lassen keinen Zweifel daran, daß gerade das richtige Setzen der organisatorischen Rahmenbedingungen ein mächtiges Instrument des unternehmerischen Wandels ist. Wie gut ein Unternehmen die starken Veränderungen bewältigen wird, die mit Sicherheit in den nächsten fünf bis zehn Jahren zu bestehen sind, wird davon abhängen, ob es gelingt, den Wandel zu steuern, statt ihn seinen Lauf nehmen zu lassen.

Für einen Anfang ist es nie zu früh. Spätestens aber sollten Indikatoren wie Verlust von Marktanteilen, rückläufige Erträge trotz steigenden Umsatzes, lange Innovations- oder Entscheidungsprozesse die Alarmglocken schrillen lassen. Sie sollten Anlaß sein, das Veränderungsprogramm zu organisieren, damit es von einer möglichst ehrlichen Positionsbestimmung über eine vorbehaltlose Ursachenanalyse bis zum konkreten Prozeß der Vereinfachung seine Wirkung entfalten kann.

Veränderungsprogramm: den Wandel organisieren

Das Veränderungsprogramm soll das interne Umfeld des Unternehmens so (um)gestalten, daß ein Prozeß in Gang kommt, der ständige Erneuerung und fortlaufendes Lernen im Unternehmen sichert. Möglich ist das nur über eine Vorgehensweise, die ganzheitlich ansetzt, also weder die Vision und Ziele noch Strukturen und Abläufe noch die Mobilisierung der Mitarbeiter vernachlässigt, die aber auch dem organisatorischen Entwicklungsstand des Unternehmens entspricht.

In einem funktional strukturierten Unternehmen etwa, in dem Marktorientierung nach Produkten oder Kernabläufen nicht organisatorisch verankert ist, sollten von vornherein Projektteams mit Produkt-Gesamtverantwortung eingerichtet werden. Für eine wichtige Produktgruppe wird dabei ein überfunktionales Team bestellt, das die Geschäftsleitung simuliert. Ihm obliegt es, für sein Geschäft die strategische Position zu analysieren, ein konkretes Stärken- und Schwächenprofil zu erarbeiten und anspruchsvolle Marktziele zu setzen, für die sich zu kämpfen lohnt. Und das Team hat festzulegen, welche Nutzenschwellen in Kosten, Zeit und Qualität überschritten und welche Kernabläufe optimiert werden müssen, um die Ziele zu erreichen.

Werden hier die Weichen richtig gestellt, so gewinnt das Unternehmen mehr als eine vorübergehende, wenngleich nützliche, Übung in Projektarbeit. Denn im Verlauf des Veränderungsprogramms wird die oft interne Orientierung einer Marktorientierung Platz machen, und überfunktionale Zusammenarbeit wird als Bereicherung und Erleichterung verstanden und eingeübt. Die gestärkte Produktverantwortung kann zum Test, Vorbild oder sogar Vorreiter neuer Organisationsformen im Unternehmen werden. Mitarbeiter entfalten brachliegende Fähigkeiten, entwickeln sich weiter und – vor allem – engagieren sich.

Wesentliche Voraussetzung für all dies ist, daß dem Projektteam Mitarbeiter angehören, die neben dem notwendigen Fachwissen auch das Potential für künftige Führungsaufgaben mitbringen. Die Besten sind für das Programm gerade gut genug.

Ausgangsposition: an den Besten messen

Die besten Unternehmen haben bekanntlich immer eine herausragende Stärke in einer der Dimensionen Kosten, Zeit (=Reaktionsgeschwindigkeit) oder Qualität (= Produktnutzen), sie sind aber dem Durchschnittsunternehmen in allen drei Dimensionen deutlich überlegen. Für eine grobe strategische Positionsbestimmung reicht es aus, die Stärken und Schwächen des eigenen Unternehmens gegenüber den besten Wettbewerbern und den Kundenanforderungen in diesen Kategorien festzustellen.

Aussagefähige »Meßwerte« sind relativ leicht zu ermitteln, zum Beispiel:

⇛ *Kosten:* Ein geeigneter Indikator ist die Personalproduktivität als Wertschöpfung pro Beschäftigten im ganzen Unternehmen und in den einzelnen Funktionen.

⇛ *Geschwindigkeit:* Fähigkeit, mit Innovation oder Lieferfähigkeit schnell neuen Marktveränderungen gerecht zu werden. Messen läßt sie sich als Entwicklungszeit, vom Lastenheft bis zum Serienanlauf, oder auch als Durchlaufzeit in der Fertigung.

⇛ *Produktnutzen:* Vorsprung in Technologie, Produktqualität und Service. Hier zählt zum Beispiel der Anteil überlegener Produkte im Zielsegment. Die »Überlegenheit« läßt sich mittels gewichteter Bewertung nach Kaufkriterien messen.

Schaubild 2 gibt beispielhaft Vergleichswerte von Maschinenbauunternehmen aus der McKinsey-Langzeitstudie für das Jahr 1989 wieder. Die Spalte »Erfolgreiche« weist die Mittelwerte der Gruppe erfolgreicher Unternehmen aus. Die absoluten Spitzenreiter unter den Teilnehmern lagen noch darüber – in der Personalproduktivität zum Beispiel erreichten sie schon 1989 Werte über 200.000 DM Wertschöpfung pro Mitarbeiter; seitdem ist der Anstieg mit durch-

Checkliste der wichtigsten Erfolgskennzahlen (Bezugsjahr: 1989)

Strategische Position		Maschinenbau (Beispiel)		
		Durchschnitt	Erfolgreich*	Weniger erfolgreich*
Kosten:	Personalproduktivität (TDM Wertschöpfung/ Mitarbeiter**)	103	**119**	99
Zeit: (stark produktabhängig)	Entwicklungszeit (Monate)	–	**13**	30
	Durchlaufzeit in der Fertigung (Wochen)	11,9	**7,8**	15,6
Produktnutzen:	Anteil überlegener Produkte (%)	47	**64**	26

* Mittelwerte der Gruppe
** Jährliche Steigerung ca. 5-8%

Schaubild 2

schnittlich fünf bis acht Prozent pro Jahr zu veranschlagen. Und ein internationaler Vergleich zeigt erfolgreiche amerikanische Unternehmen mit bis zum Doppelten des deutschen »Mittelwerts der Erfolgreichen«, japanische Unternehmen sogar mit dem dreifachen Wert.

Als Maßstab sollte immer der weltbeste Wettbewerber im Zielsegment oder, besser noch, im Volumensegment gelten. Die Methode des »Benchmarking« hat sich für derartige Vergleiche als besonders geeignet erwiesen. Weiß man bereits sehr viel über die eigene Position, so genügen hier eventuell einige Workshops der Entscheidungsträger; bestehen erhebliche Unsicherheiten, ist eine detaillierte strategische Analyse unabdingbar.

Ursachen: vorbehaltlos aufspüren

Sind in der Positionsbestimmung Schwächen zutage getreten, lassen sich in einer ersten Schnelldiagnose die Leistungslücken genauer eingrenzen. Diese Diagnose erfaßt die Größen, die am engsten mit Erfolg und Mißerfolg korrelieren. Sie kann keine detaillierte Unternehmensanalyse ersetzen, der Vergleich mit den Werten erfolgreicher, durchschnittlicher und weniger erfolgreicher Unternehmen gibt jedoch Anhaltspunkte dafür, wo Potential für Verbesserungen besteht.

Als Beispiel einer solchen »Checkliste« enthält auch Schaubild 3 wieder Vergleichswerte für 1989 aus der Langzeitstudie. Die Größen, die in ihrer Bedeutung und Ausprägung für Maschinenbauer und Komponentenhersteller leicht differieren, beziehen sich auf die erfahrungsgemäß häufigsten Ursachen für Leistungslücken:

⇛ *Zu geringe oder fehlgeleitete Investitionen,* zum Beispiel: Investitionen pro Mitarbeiter, Investitionen im Verhältnis zur Wertschöpfung, Anteil automatisierter Maschinen, Investitionen in neue Standorte.

Checkliste der wichtigsten Erfolgskennzahlen (Bezugsjahr: 1989)

Ursachen für Leistungs-defizite	Meßgröße	Maschinenbau			Komponenten-hersteller		
		Durch-schnitt	Erfolg-reich	Weniger erfolg-reich	Durch-schnitt	Erfolg-reich	Weniger erfolg-reich
Investitionsschwäche							
Geringe Gesamtin-vestitionen	% der Wert-schöpfung	12	**22**	10	13	**18**	8
Geringer Automatisie-rungsgrad	% Maschinen	49	**64**	35	53	**61**	34
Wenig neue Standorte	% Standorte	26	**50**	12	28	**33**	17
Hohe Vielfalt, Überkomplexität							
Produktvielfalt	Zahl Produkte/ 100 Mio. Ums.	7	**2**	9	1.400	**1.000**	2.200
Hoher Grad kunden-spezifischer An-passungen	% Entw.-Kapa-zität	13	**12**	16	–	–	–
Lieferantenvielfalt	Zahl Lieferan-ten/100 Mio. DM Eink.-Volumen	1.200	**300**	1.500	1.300	**1.200**	1.800
Wenig "Single Sourcing"	% Beschaf-fungsvolumen	29	**60**	11	20	**46**	13
Kundenvielfalt	Zahl Kunden/ 100 Mio. Ums.	–	–	–	300	**25**	500
Geringe Kompetenz, Motivation und Flexibilität							
Überalterung (Anteil Mitarbeiter ab 35 Jahre)	% Mitarbeiter	61	**57**	65	55	**48**	61
Wenig Job-Rotation (Produktion/Konstruk-tion)	% Mitarbeiter in 5 Jahren	7	**9**	6	17	**41**	2
Kleines Weiterbil-dungsbudget	DM/Mitarbeiter	490	**980**	260	240	**300**	180
Wenig Neueinstel-lungen von außen	% Führungs-kräfte pro Jahr	19	**24**	10	33	**56**	16

Schaubild 3

⇛ *Zu hohe Vielfalt, Überkomplexität,* zum Beispiel: Anzahl Produkte relativ zum Umsatz, Grad an Kundenspezifikation, Anzahl Lieferanten, Anzahl Kunden.

⇛ *Geringe Kompetenz, Motivation und Flexibilität,* zum Beispiel: Alter der Belegschaft, Job-rotation, Weiterbildungsbudget, Anteil Neueinstellungen von außen.

Für das eigene Unternehmen aktualisiert, ergeben die wenigen Kennzahlen ein aufschlußreiches Stärken- und Schwächenprofil. Mindestens machen sie auf einfache Weise sichtbar, wo detaillierte Untersuchungen ansetzen sollten.

Konsequenzen: Schwerpunkte setzen

Zur Herbeiführung des Wandels und zur kontinuierlichen Leistungsverbesserung gibt es nicht eine einzig richtige Lösung, sondern je nach Unternehmenssituation viele Varianten. Die Basis für eine Einschätzung von Ausgangslage, Fähigkeiten der Organisation, Herausforderungen und Chancen schafft das überfunktionale Projektteam mit seiner Diagnose und Ursachenanalyse. Was dabei an Schwachstellen – oder Verbesserungsbedarf gegenüber Wettbewerbsniveau und Kundenanforderungen – erkannt wird, läßt sich direkt in Maßnahmen umsetzen. Inhaltlich werden sie auf einen Abbau von Komplexität, eine Vereinfachung von Strukturen, Abläufen und Beziehungsgeflechten, hinauslaufen.

Für den Prozeß der Vereinfachung ist entscheidend, daß auch hier die Forderung »Einfachheit« erfüllt wird. Das bedeutet insbesondere, nicht alles gleichzeitig und mit vielfältigen Zielen in Angriff nehmen, sondern sich auf einen Haupt-»Stellhebel« zu konzentrieren. Je nach den Ergebnissen der Diagnose kann dabei die Auswahl und Integration von wenigen Hauptlieferanten Vorrang haben oder auch die Straffung des Produktsortiments, die Auslagerung von Wertschöpfungsstufen oder die Neuausrichtung der Fertigung auf produktbezogene Standorte. Dem ausgewählten Schwerpunktthema muß die gleichzeitige Weiterentwicklung aller anderen Dimensionen untergeordnet werden. Und die Veränderung muß bewußt auf Diskontinuität ausgerichtet sein: die beruhigende Wirkung marginaler Verbesserungen darf gar nicht erst Platz greifen.

Der Prozeß braucht erfahrungsgemäß einen Zeitraum von einem bis – in Ausnahmefällen – fünf Jahren, bis die neuen Verfahrensweisen und Strukturen zur festen Unternehmenskultur geworden sind. Konkrete Verbesserungen kommen aber schon deutlich früher zustande, und sie helfen auch immer wieder, den unerläßlichen langen Atem nicht zu verlieren.

Programme dieser Art bleiben auch keine Einmalaktion, sondern sie führen – wenn sie erfolgreich sind – zu einem kontinuierlichen Lern- und Anpassungsprozeß. Allen Programmen und jedem neuen Anlauf sind dabei einige wenige Erfolgsfaktoren gemeinsam:

⇛ Eine einfache, inspirierende Aussage über die Zielrichtung der ganzen Aktion
⇛ Attraktive Ziele, marktorientiert und positiv, die schnell breite Akzeptanz finden und für die sich der Einsatz lohnt
⇛ Schaffung von Freiheitsgraden durch überfunktionale Teams mit entsprechendem organisatorischen Rahmen
⇛ »Gelebter« kultureller Wandel – von interner zu externer Orientierung, von »den Wettbewerb schlagen« zu »den Kunden gewinnen«, von »Kommando und Kontrolle« zu »Mobilisierung der Basis«, von »100 Projekten des Tages« zu »Schwerpunktprojekt des Jahres«
⇛ Schrittmacher-Rolle und sichtbares Engagement der Geschäftsleitung
⇛ Laufende Über-Kommunikation auf allen Ebenen.

Das ist der beste und direkteste Weg zu nachhaltigen Wettbewerbsvorteilen in Kosten, Geschwindigkeit und Qualität. Denn das Unternehmen, das ihn geht, beseitigt Komplexität, erschließt Kreativitätspotentiale und gewinnt überlegene Kompetenz und Motivation.

Angaben zu den Autoren

Die Autoren sind Partner bei McKinsey & Company, Inc., internationale Top-Management-Beratung

Dipl.-Ing. *Felix Brück*, München
Principal, Mitglied der Operations-Gruppe und des Assembly Industry Sector
(verantwortlich für Kapitel II und V)

Dipl.-Ing. *Raimund Diederichs,* München
Principal, Mitglied der Operations-Gruppe und des Assembly Industry Sector, Co-Leader der Integrated Logistics Core Group
(verantwortlich für Kapitel IV)

Dr.-Ing. *Rolf-Dieter Kempis,* Düsseldorf
Principal, Mitglied der Operations-Gruppe, des Assembly Industry Sector und des Steel Industry Sector
(verantwortlich für Kapitel I)

Dr. rer. nat. *Jürgen Kluge,* Düsseldorf
Principal, Mitglied des Assembly Industry Sector, Co-Leader der Technologiemanagement-Gruppe
(verantwortlich für Kapitel III)

Dr. oec. Dipl.-Ing. *Günter Rommel,* Stuttgart
Director, Leiter der Operations-Gruppe Deutschland und Europa, Leiter Assembly Industry Sector Deutschland und Europa
(verantwortlich für Einführung, Kapitel VI und VII)